图解 社会心理学 入门

[日]龟田达也 主编

高瀚 光芯慰 译

中国纺织出版社有限公司

写在前面

社会心理学是研究处于社会中的人们的心理活动和行为规律，以此解释人们为什么会发生这样的心理活动和会采取什么行动的学科。

社会心理学的研究和涉猎项目广泛，题材多样：从"个人的心理""人对人的关系""处于集体中的个体关系"到"社会现象、社会问题"，各方面均有涉及。其研究成果更是解开自古以来人类社会中出现的各种突发状况、社会问题的钥匙。

比如在单独一人的情况下，人不会做出有悖常理的行为，但在集体活动中的人却会失去理智和常识：在万圣节夜晚的涩谷街头聚会的年轻人引起骚动与暴乱，就是其中的一例。

再举一个例子：某大型企业的行为侵害了社会利益，已然是明显的犯罪行为。但在该企业工作的很多员工只认为自己在认真工作，意识不到自己从事的行为也是犯罪。

通过社会心理学的研究，能够很好地解答这些问题。

不仅如此，社会心理学对于社会舆论、刻板印象等经常出现在我们生活中的社会现象也有广泛和深入的涉猎，进行过各种有趣的研究。

通过学习社会心理学，能让我们从不同事件中的不同角度解析社会，看到别样的风景。

龟田达也

目录

[第1章] 社会现象与心理学 ……7

- 8 人残忍的一面究竟从何而来？
- 10 人容易服从于权威
- 12 从众行为的诱发因素有哪些？
- 14 人容易迎合多数人的想法（从众现象）
- 16 责任归因是援助的钥匙？
- 18 人采取救援行动的必要条件是什么？
- 20 为什么对他人的求助视而不见？

- 22 游戏和漫画会诱导人犯罪吗？
- 24 当有武器在手的时候，人更容易发起攻击
- 26 『路怒症』人群的特征是什么？
- 28 为什么网络热门话题容易激化和爆炸？
- 30 人更想融入多数派的圈子
- 32 涩谷的万圣节活动，为何变成了暴力事件？
- 34 人在什么情况下，会处于恐慌状态，不采取避难行动？
- 36 为何有人在遇到紧急情况时，
- 38 只要相信就会得救？
- 40 被孤立感使人走向犯罪？

- 42 专栏 服从心理

[第2章] 组织与群体心理学 …… 43

- 44 群体规范是什么？
- 46 人为什么会服从组织？
- 48 集体做出的决定容易极端化
- 50 团体是如何做出错误决定的？
- 52 如何推翻错误的决策？
- 54 群体做出的决策真的是最好的吗？
- 56 不同团体的成员，是如何产生对立状态的？
- 58 无法通过交流及对话的方式消除团体之间的对立
- 60 人即使自己吃亏，也要优先确保团体处于优势
- 62 少数人如何改变多数人的看法？

64 **专栏** 为了避免团体迷思我们能做些什么？

[第3章] 职场心理学 …… 65

- 66 他人在场对工作的进程有怎样的影响？
- 68 参考他人的结果，更改自己的行动
- 70 人期望保持自己行为的一贯性
- 72 人因他人的评价改变自己的想法或行动
- 74 提高生产力的关键是工作环境，更是人际关系
- 76 给予报酬反而会降低人的干劲？
- 78 无凭无据的预言为何会实现？
- 80 人会在不经意中歧视他人？
- 82 真正优秀的领导者是怎样的？

84 **专栏** 第一印象真的能决定一切吗？

5

[第4章] 个人和社会关系心理学 ……85

- 86 感受到紧迫感后会更多地注意到对方的魅力
- 88 人是如何被说服的?
- 90 平衡性是维持良好关系不可或缺的因素
- 92 追随流行的人和反抗流行的人
- 94 为什么人会产生刻板印象和偏见
- 96 为什么人们会热衷于高中生棒球赛?
- 98 为什么人会产生带有偏颇的臆测?
- 100 他人行动的原因在于行为人自己
- 102 决策的机制是什么?
- 104 人做出的判断未必全部理性
- 106 人倾向于认同自己的想法是普遍看法

专栏
108 虚假普遍性

[第5章] 为人处世的心理学 ……109

- 110 贯彻追求「名誉」的文化
- 112 文化背景不同带来的差异是什么?
- 114 种族灭绝是如何产生的?
- 116 公平分配报酬的方法是什么?
- 118 在援助他人的行动中能获得什么?
- 120 追求自我利益会损害社会利益
- 122 帮助他人也是帮助自己
- 124 囚徒困境的电脑锦标赛
- 126 囚徒困境是什么?

第1章

社会现象与心理学

为什么对他人的求助视而不见？

没人对女性伸出援手的原因，真的是因为冷漠吗？

1964年的一个深夜，一位女性在位于纽约市居民区的自家公寓门前遭遇暴徒袭击，犯罪的总过程持续了30分钟以上。而同公寓的住户中共有38人察觉出异常，也有人曾打开窗户，查看到底发生了什么事。但整个过程中不但没有人试图帮助该女性，甚至都没有人报警求助。

到底为什么没有人伸出援手呢？在事件发生后，媒体以"大都会人群特有的冷淡，和对他人的冷漠造成的惨案"为标题进行了报道。但心理学家拉塔尼和达利认为，正是因为目击者人数众多导制了人们帮助别人的主观想法，这也是造成惨案的另一大原因。这次的事件成了人们对"旁观者效应"进行研究的契机，人们对此进行了实验：

首先邀请参与实验的学生（实验参与者）参加某集体讨论会，之后将每个人都安排在单独的房间内，使用对讲机和其他的参会者讨论议题，分享意见。突然，其他房间的参会者通过对讲机告诉大家他突发疾病，需要大家的帮助。

实验中的参会者分别分为2人、3人和6人。实验结果完全证实了"旁观者效应"的假设，以2人为小组进行的实验中，所有人都在3分钟以内将突发事件通知了外面的工作人员，但在6人为小组进行的实验中，只有60%的人通知了外面的工作人员，且总时间超过了4分钟。

旁观者效应证明了旁观的人越多，人们对采取救援的能动性反而越低，也就越难开始救援行动。

关键词 旁观者效应

第1章 社会现象与心理学

模拟突发情况下进行的旁观者实验

这是一个测试在会议过程中他人突然发病的情况下,实验参与者是否能立刻帮助发病者寻求救援的实验。

实验的流程是:实验参与者被安排独自一室,使用对讲机进行会议,会议过程中无法和其他参会人员见面。参会者们轮流使用对讲机阐述自己的观点,此时发言的人突发疾病,向大家求救。

每组参会者的人数分别设定为2人、3人和6人,但每组真正接受测验的只有实验参与者一人,其他的发言人均为事前准备好的录音带。

实验结果

右侧为实验参与者从得知有人呼救开始,到向他人寻求帮助时结束,所花时间的图形。该图说明,旁观者越多,实验参与者帮助发病者寻求帮助的概率越低。

● 直到实验参与者开始寻求帮助为止所花费的时间和比例

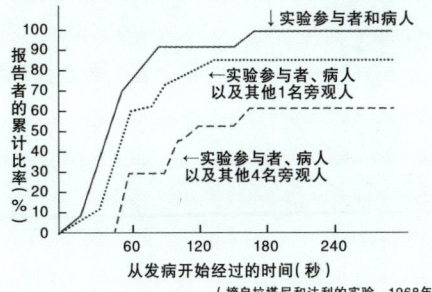

(摘自拉塔尼和达利的实验,1968年)

● 只有自己和病人的情况下

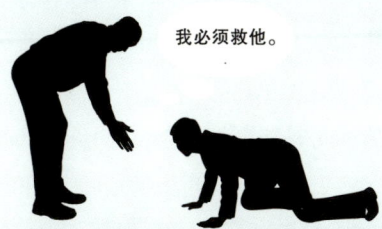

我必须救他。

⇒100%的实验参与者在3分钟以内寻求帮助

> **旁观人数越少,人越容易在较短的时间内采取救援行动。**

● 自己和病人以及其他4人在场的情况下

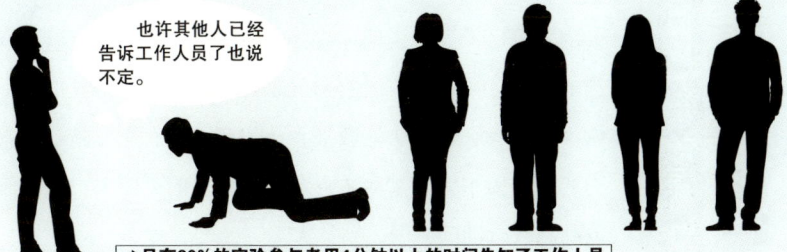

也许其他人已经告诉工作人员了也说不定。

⇒只有60%的实验参与者用4分钟以上的时间告知了工作人员

人采取救援行动的必要条件是什么？

关键词 救援的5阶段理论

救援行动前的5个心理准备阶段

证明了著名的"旁观者效应"的心理学家拉塔尼和达利认为，人在遭遇紧急情况时，从开始到实施救援的行为共分为5个阶段（救援行动模型）。

1 是否感知到异常事态的发生
2 是否认知到正在发生的是紧急事件
3 是否产生自己需要提供帮助的责任感
4 是否理解自己应该做些什么以应对紧急事件的发生
5 是否采取实际行动

首先，在第一阶段和第二阶段中，如果人没有察觉到异常，或是没有察觉到正在发生的紧急情况，是不会采取救援行动的。

在第二阶段中，如果在场的其他人没有采取行动的话，也会令人无法察觉到正在发生的紧急事件，这种情况又被称为"多元无知（详见36页）"。

在第三阶段中，所提及的自我责任感是指当事人是否产生了"我必须要救他"的想法。如果周围还有其他人在场的情况下，当事人就会产生"就算我不去救，也会有别人来管的"的想法，从而影响救援行动。

在第四阶段中，正确认识到需要提供救援行动的人，也会因为自己不懂得正确、具体的救援方式，从而难以采取救援的行动。例如，"虽然发现了有人溺水，但是我根本不会游泳"，有这种想法的救援者认为自己没有能力施救，或认为实施救援的风险太大（自己也有溺水的可能），都会成为放弃救援行动的原因。

在第五阶段中，会因为"万一多想了，自己会好丢脸"的心理活动，使人无法及时采取行动。

第1章 社会现象与心理学

实施救援的心理流程

救救我！

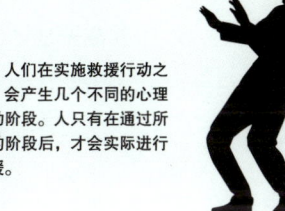

不得了了！

人们在实施救援行动之前，会产生几个不同的心理活动阶段。人只有在通过所有的阶段后，才会实际进行救援。

| 1 | 是否感知到异常事态的发生。 | ➡ NO | 不采取行动 |

YES ⬇

| 2 | 是否认知到正在发生的是紧急事件。 | ➡ NO | 不采取行动 |

YES ⬇

| 3 | 是否产生自己需要提供帮助的责任感。 | ➡ NO | 不采取行动 |

YES ⬇

| 4 | 是否理解自己应该做些什么以应对紧急事件的发生。 | ➡ NO | 不采取行动 |

YES ⬇

| 5 | 是否采取实际行动。 | ➡ NO | 不采取行动 |

YES ⬇

行动

责任归因是援助的钥匙？

关键词 责任归因

当人们认为被害者应自己负责的时候，不会进行援助

虽然政府早已发出旅游禁令，但仍有人不顾警告擅自前往战争地区，结果导致被恐怖分子绑架。在这种情况下，旁观者会认为被害者应当对自己的行为负责，不仅不会对被害者采取任何救援行动，甚至会斥责、批判被害者。

因此，造成问题的责任归因是左右人判断是否应该帮助、救援他人的一大因素，心理学家帕梅拉·杜里的实验也证明了该假设：

在实验中，首先让实验参与者阅读几位HIV感染者的经历，这些经历共有5种类型。之后询问实验参与者是否有想要帮助该位患者的想法。结果是，大家会想帮助因为输血染病的感染者。但对于因为滥交、吸毒染病的感染者，大家会认为是他们自己的原因，才导致这样的下场，不会有想要帮助的念头。

同样是面对HIV感染者，对于染病的原因不归于感染者的情况下，人会产生同情心，但是对于因为自己的责任而导致染病的情况下，人反而会产生厌恶感，不会有想要帮助的想法。

而这一结果在某种程度上也是可以预料到的，因为在日常生活中，大多数人会认为"因为自己的轻率所引发的问题，应该自己解决"。因此，责任的归因，是左右人想法和行动的一大因素。

责任的归因会影响援助

感染HIV的患者

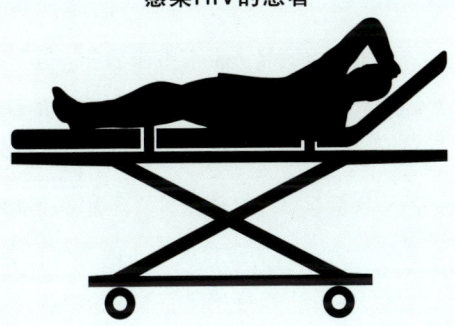

经历A的情况	经历B的情况
因为输血感染了HIV。	**因为滥交、吸毒感染了HIV。**

他本人没做什么坏事,好可怜。	这是他自己的问题。

感染HIV不是他的责任。	感染HIV是他自己的责任。

产生了想要帮助的想法	没有产生想要帮助的想法

人容易迎合多数人的想法（从众现象）

虽然有时是明显错误的想法，但人依然更容易迎合多数人

我们在思考判断某些事物的时候，总避免不了会有想跟随、迎合多数人的想法，这就是从众心理。心理学教授阿希设计了一个非常经典的实验，来研究从众现象。

实验准备了 2 张卡片，卡片 1 上画有作为标准的直线，卡片 2 上画有 3 条长度不一的直线，让所有人回答：卡片 2 上同卡片 1 上长度相同的直线是哪条？每组实验人数为 8 人，每人按照顺序依次回答。但其中的 7 个人都是研究者安排的"卧底"，他们的答案事先就已经决定好了。

这项实验的目的是研究在大部分人都回答出明显错误答案的情况下，实验参与者是否会跟随多数人的想法回答错误的答案。为了让实验参与者听完前面 7 人的回答，实验人员刻意将实验参与者的顺序排在最后一名。实验的过程中会改变线的长度，也会分几轮进行试验。

问题非常简单，实验参与者在单独回答的情况下正确率高达 99%，但在前面 7 人全部回答错误的情况下，实验参与者做出错误回答的概率会猛增至 32%。这一实验结果很好地说明了"一个人面对一般情况不会答错误的问题时，在多数人答错的情况下，会对他的判断产生极大的影响"这一情况。

另外，在参加实验的 7 人里，每次都有 1 人做出正确回答的情况下，实验参与者做出错误回答的概率降低到 5.5%。

这也很好理解，例如，在公司的会议等场合中，要反驳大家做出的一致决定需要非常大的勇气。但如果有一位和自己持相同立场的人在场，便能让自己更容易表达不同的想法。

全员持有一致的立场更容易促成他人的从众心理，但只要有一人和自己持同样的立场，承担的心理压力自然会降低许多。

关键词 从众

阿希从众实验

左边的是标准长度的直线,需要实验参与者从右边的三条直线中选出一样长度的线。参与实验的8人中,7人为实验"卧底",被安排全部回答错误的答案A,真正的实验参与者被安排在最后,听完前面7人的回答后再最后回答。实验的目的是测试实验参与者是否会顺从多数人,做出错误的回答。

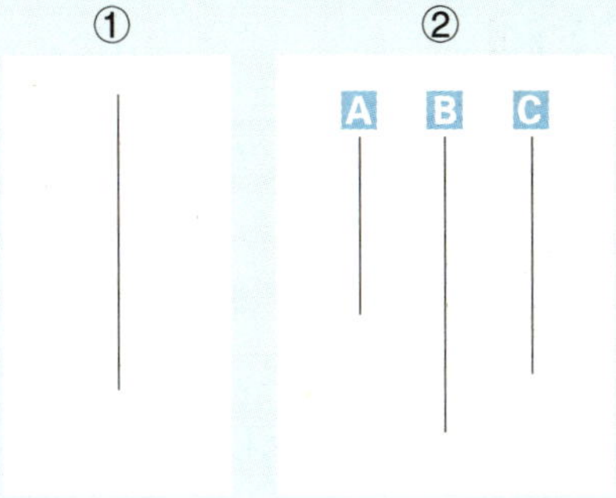

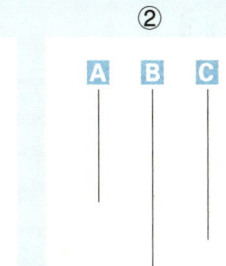

● 7人全部回答错误答案 A 的情况:

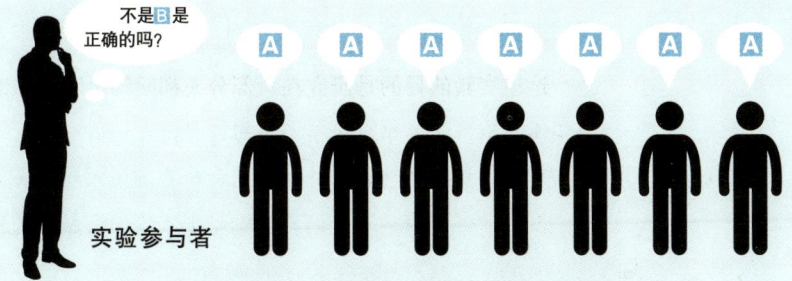

⇒ 在前面7人全部回答错误答案 A 的情况下,实验参与者做出错误回答的概率为 32%。

● 7人里有1人做出正确回答 B 的情况:

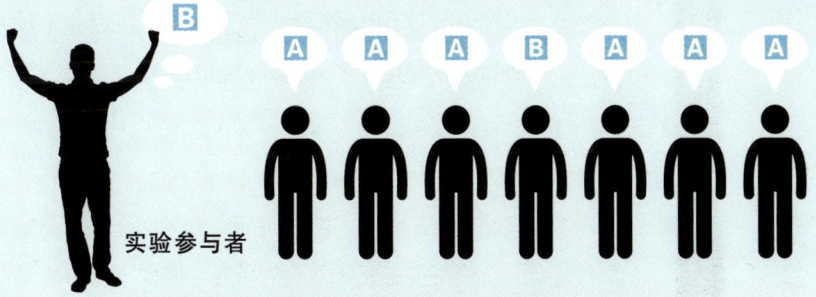

⇒ 实验参与者做出错误回答的概率降低到 5.5%。

从众行为的诱发因素有哪些？

关键词 「信息影响」和「规范影响」

凝聚力越高的团体,内部成员越容易从众

引起从众的原因,除了"自己之外的大家都持相同看法"的压力感之外,团体凝聚力也是诱发从众行为的一个原因。

团体凝聚力是指个人和团体的关系状态,团体和个人的关系越密切,团体成员间的凝聚力越强,个人成员越容易出现"要维护团体凝聚力"的心理状态,也就越容易诱发从众行为。

在实际的实验中,将凝聚力高的4名高中生和凝聚力低的4名高中生进行对比,让他们对重要程度不同的社会话题进行判断,按下各自面前代表赞同/反对的按钮。结果,凝聚力高的团体中更容易发生从众行为,团体的价值和魅力对自己来说越重要,越容易产生从众行为。

此外,还有看法认为,引发从众行为的诱因还有"信息影响"和"规范影响"。信息影响是指认为他人做出的判断是正确的,且自己接纳了他人的判断。在网购的时候选择好评最多的商家购买,就是受到了消息面的影响。

规范影响是指从"不想被他人讨厌"或者"不想打乱集体规则"为出发点引发的从众行为。比如说"虽然这不是我的本意,但是我不想被大家讨厌,所以我也赞同大家的想法"。这种行为就是受到了规范性社会的影响。

团体凝聚力的强度和从众行为

●团体凝聚力和从众行为

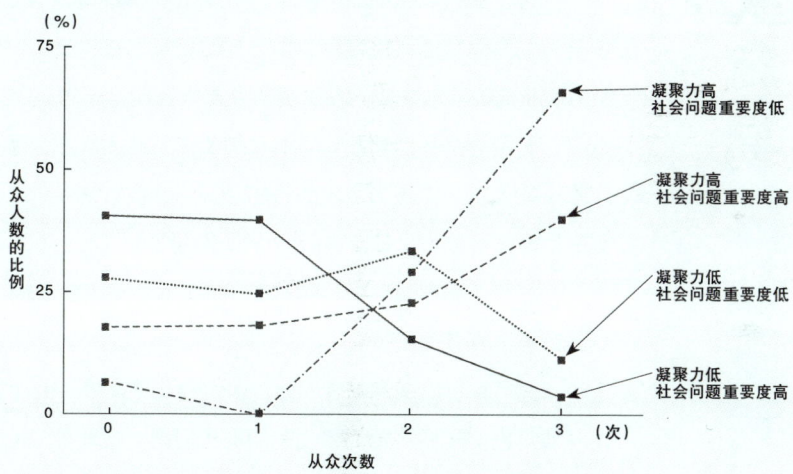

将凝聚力高的4名高中生和凝聚力低的4名高中生进行对比，让他们对不同重要程度的社会话题进行判断，按下各自面前代表赞同/反对的按钮。结果，随着回答次数的增多，凝聚力高的团体中越容易发生从众行为，而凝聚力低的团体中越不容易发生从众行为。

凝聚力高的团体中越容易发生从众行为。

公众场合发生的从众行为

公众场合也会诱发人们的从众行为，比起私下里阐述自己意见的情况，在公众场合中，面向和接受多人反应的时候，人会表现得容易迎合大多数人的想法。

现场越公开，从众越容易。

人容易服从于权威

谁都有可能成为艾希曼

人在被权威命令的情况下，有时虽然明白这种命令是错误的，但也会继续执行命令。心理学家米尔格拉姆曾举行权力服从研究实验（别名艾希曼实验）来证明这一观点。

艾希曼是在纳粹政权下，总揽负责将犹太人送去集中营的权威人物。而这个实验的目的是证明"在特殊条件下，无论是谁都可能做出像艾希曼一样残忍的行为"。

实验首先以研究"体罚对于学习行为的效用"的名义，召集志愿者参加实验。

之后告诉实验参与者，会将他们分成"教师"和"学生"两种角色，随后将他们带到不同的房间内。房间内设有麦克风和广播，他们无法看到对方，但是可以听见对方的声音。

此时，"教师"开始对"学生"进行考试，如果"学生"答错了，"教师"会对"学生"施以电击惩罚。电流的强度有30档，能从轻微的15V到致命的450V自由调节。

每逢作答错误，电击的强度会随之增加，"学生"的惨叫声也逐渐惨烈。而施以超过300V电流的时候，"学生"就会开始求饶道："求求你了，放过我吧。"但是一旁的研究员只会命令"教师"继续实验。虽然只要"教师"拒绝，实验就会停止，而且不用承担任何责任。

但结果是，在扮演"教师"角色的40名实验参与者中，有超过半数的26人遵从研究者的命令，施加了最强的450V电流。

关键词：艾希曼实验

第1章 社会现象与心理学

米尔格拉姆的服从实验

回答错误的时候，施以电击惩罚。事实上，他们并没有真的被电击，只是演戏。

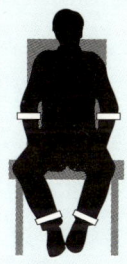

"学生"角色
（由工作人员扮演）

墙

电击装置

"教师"角色
（实验参与者）

命令被实验人继续电击。

研究者

实验的目的是探究，在被研究者这一"权威"命令时的实验参与者会服从命令到什么程度。在随时可以中断实验的情况下，参加实验的40人中，有26人服从命令，施加了450V的最强电流。（参照右图）

实验结果

电击强度(伏特)	实验结果
450(最大)	26人
375	1人
360	1人
345	1人
330	2人
315	4人
300	5人
285以下	0人

服从实验的预测

这一实验结束后，米尔格拉姆展开了社会调查，让普通人和精神科医生分别猜测：如果是自己参加实验，实验中会使用的最强电流是多少？

结果如右图所示，没人认为自己会使用315V以上的电流，大多数人表示自己使用的最大限度是180V，这个结果和实验有很大出入。

●询问40名普通人和39名精神科医生："如果是你参与实验，会使用的最强电流是多少？"

电击强度(伏特)	40名普通人	39名精神科医生
315以上	0人	0人
255~300	4人	1人
195~240	3人	2人
135~180	16人	17人
75~120	12人	15人
15~60	2人	2人

※有些人回答说他们不会施行电击。

人残忍的一面究竟从何而来?

关键词　斯坦福监狱实验

人是否会因角色的转变而变得残忍

曾有一项实验研究，在给予人相应的角色或条件下，人的行为会发生什么样的变化。这个实验就是著名的模拟监狱实验（斯坦福监狱实验）。

实验在斯坦福大学的地下室进行，环境也完全模拟还原了真正的监狱环境。

参加实验的是21名身心健康，且至今为止从未危害社会的21名男性学生。实验参与者被随机分成"看守"和"犯人"角色，看守角色每8小时换班一次，而犯人的角色是24小时参加实验。

为了最大限度地做到场景逼真，扮演看守角色的人换上了看守制服，戴上墨镜，且分给了他们警哨和木制的警棒。而"犯人"角色则被剥夺姓名后分配编号，且在脚上锁上铁质戒具，关押在监狱内。

实验开始前，没人会想到这次实验的发展远远超出所有人的想象。随着实验进行，看守开始对犯人施以强制性、诬蔑性、支配性的语言及行为，且对犯人进行精神虐待的程度也不断加剧。直到最后发生了暴力行为，实验不得不提前至第6天就停止。

在实验中，当人被分配到可以命令他人、使他人服从的角色后，人会很快地进入角色，开始对他人自然地施暴。但也有人持不同的意见，批判实验。认为"并非是因为看守的角色使人变得残暴，而是因为研究者诱导人做出残忍的行为"。

因此，实验的可信度也有待证实。

模拟监狱实验

将人分成"看守"和"囚犯"角色后，验证人是否可以适应角色，采取符合所扮演角色的行动和态度。在心理学研究中是一项非常著名的实验，曾被改编成电影《死亡实验》。

看守角色（10人）

犯人角色（11人）

- 每8小时轮换的方式参与实验
- 戴墨镜
  （某种程度上保证了匿名性）
- 随身装备警哨和警棒
- 严禁暴力行为，但对其他行为并无约束

- 24小时参加实验
- 剥夺姓名，称呼ID编号
- 脚上戴有铁质戒具
- 禁止使用私人物品
- 仅可使用信纸、香烟、手纸
- 与他人会面需要办理手续

对犯人施以命令性口气，开始进行强制性、诬蔑性、支配性的语言及行为。

实验第二天开始出现低沉、不安、哭泣等反应，5人提前结束实验

频繁对犯人进行侮辱行为，且享受施虐过程。

对看守表现出顺从、抑郁、无力、自我否定的特征。

预定2周时间的实验在第6天被迫终止

游戏和漫画会诱导人犯罪吗？

观看具有攻击性行为的画面且"学习"是主要原因

舆论认为含有暴力场面描写的漫画或游戏，是引诱未成年人犯罪的罪魁祸首。孩子们受到了不良画面的影响，接收了负面信息，才会走向犯罪歧途。这一观点也往往引发出社会性话题。而解开问题的关键，是人的"学习"能力。

人们对新事物的学习，包括通过实际体验的方式进行练习、学习和通过观看他人的动作进行观察学习这 2 种方式，而观看漫画和游戏中的场景，则是属于"观察学习"。

通过观察习得攻击行为的人，是否真的会产生攻击行为？对此，心理学家阿尔波特·班杜拉和其他学者进行了一次模拟实验，他先让先孩子们观察他人攻击塑料假人的过程，之后观察孩子们的行动。

参加实验的孩子们是 3~5 岁的男生和女生，被分为 A 到 D 四组。A 组直接观看成人攻击塑料假人的场景，对 B 组播放 A 组相同画面的录像，对 C 组播放电视卡通里面出现的猫攻击假人的录像，对 D 组什么都不做。之后，带孩子们去有他们喜欢的玩具的游乐室内玩耍。

之后将玩具收起，领孩子们去陈设了塑料假人和其他玩具的房间。结果，观看了攻击塑料假人行为的 A 组到 C 组，比起什么都没看到的 D 组的孩子，对塑料假人产生攻击行为的概率更高。这个实验证明了，目睹了攻击性行为的孩子们，会更具有攻击倾向。实验还发现，男生采取攻击行动的概率比女生更高。

关键词 观察学习

第1章 社会现象与心理学

阿尔波特·班杜拉和其他学者进行的模拟实验

将3～5岁的男女儿童分别分为A到D四组，之后分别安排A到C三组以不同形式观看他人攻击充气塑料假人的场景，而D组则不观看。之后观察孩子们对房间内的塑料假人是否会采取攻击性行为。

A组 直接观看成人攻击塑料假人的场景

B组 播放和A组场景相同的录像

C组 播放电视卡通里面出现的猫攻击假人的录像

D组 什么都不看

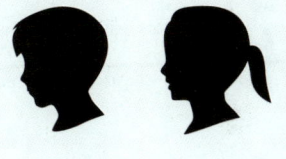

实验结果

和播放内容无关，凡是观看了具有攻击性场景的孩子们，对塑料假人均表达出强烈的攻击性行为倾向，实验验证了攻击行为，是可以通过观察方式习得的。

● 各种不同的对象与攻击行动

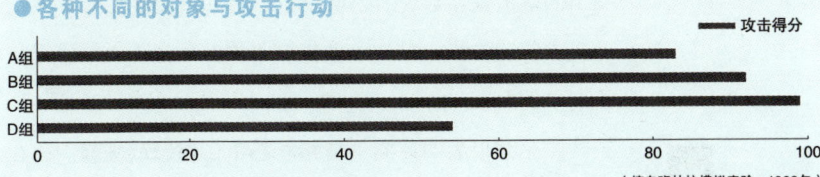

（摘自班杜拉模拟实验，1963年）

观看了攻击场景的孩子们，会开始模仿攻击动作。**且男生采取攻击行为的概率比女生更高。**

当有武器在手的时候，人更容易发起攻击？

"攻击线索"的存在，是决定人采取攻击行为的直接因素

我们不免好奇，处于强烈愤怒或是不满的情绪下，决定一个人是当场发泄，揍人一顿，还是忍下来的主要因素是什么？

据此，心理学家L.伯科威茨提出：人在采取攻击行动之前，身旁是否存在诱导人攻击行为的"线索"，在很大程度上决定了人是否会采取攻击行动。

所谓攻击的"线索"，是指能使人联想到攻击场景的工具。比如在看到枪的时候，脑内会不自觉地出现攻击他人的场景。当一个人处于十分愤怒的情绪状态下，如果他的身旁有使他联想到攻击场面来诱发他做出攻击行为的工具，那么使用该工具对他人进行攻击、发泄愤怒的念头会在脑海内膨胀，诱导他直接采取攻击行为。

为了证明猜想，伯科威茨进行了下面的实验：

首先将实验参与者分为两组。研究员会刻意激怒第一组的实验参与者，使他们事先处在愤怒的情绪状态下。之后让实验参与者电击研究员，在电击研究员的过程中，会在其中一组的电击按钮旁放上一把手枪，另一组没有放枪。

本实验的指标是记录他们在不同的条件下，对研究员施加电击的次数。

实验结果表明，同一情绪状态下（愤怒或平静），在电击按钮旁放有枪的实验参与者，对研究员进行了更多次的电击。实验结果证实了伯科威茨的猜想：枪是诱发攻击的"线索"，促使人进行了更多次的攻击行动。

关键词：攻击线索

攻击线索理论的实验

被工作人员激怒的人

没有被工作人员激怒的人

实验分成被工作人员激怒的人和没有被工作人员激怒的人,将他们分别置于有枪和无枪的环境下,有枪环境又可细分为和工作人员是否有联系的两种情况。分组之后分别统计他们对工作人员会进行多少次的电击行为。实验发现,在有枪的条件下,对工作人员实行电击行为的次数更多,更容易引起攻击行为。

给予电击研究员的机会。

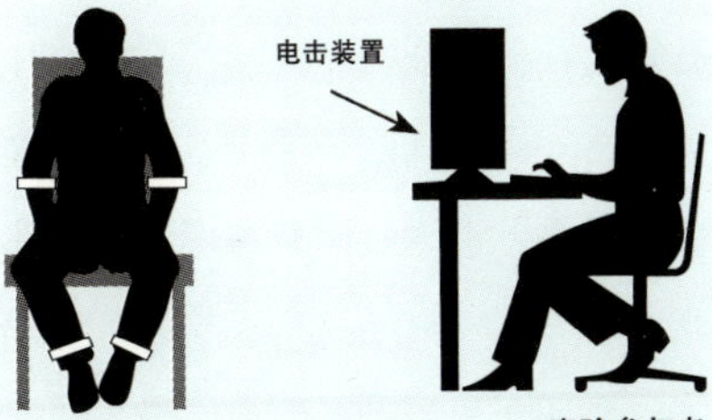

研究员

电击装置

实验参与者

实验结果

小组1
【武器·无关系】
· 电击按钮的旁边放有枪
· 枪和研究员没有关系

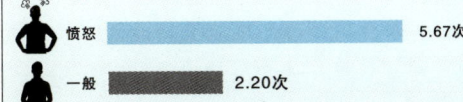

愤怒　5.67次
一般　2.20次

小组2
【武器·有关系】
· 电击按钮的旁边放有枪
· 枪是该研究员曾经使用过的

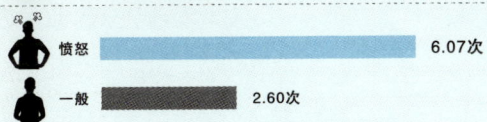

愤怒　6.07次
一般　2.60次

小组3
【无武器】
· 电击按钮的旁边没有枪

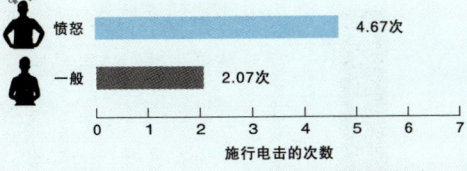

愤怒　4.67次
一般　2.07次

施行电击的次数

(来源于伯科威茨和勒佩吉,1967年)

"路怒症"人群的特征是什么？

关键词 敌意归因

越容易将他人的行为解读为敌意的人，越具有攻击性

近年来，开赌气车的行为已经成为一种社会现象。2016年JAF（日本汽车联盟）进行的一项关于交通礼仪的社会调查中，回答"经常开赌气车""有的时候开赌气车"的司机总比例，已经攀升到总调查人数的54.5%。开赌气车的诱因经常是些变道、超车之类的小事。这些小事虽然可能让人感到不快，但通常不会导致重大事故。

那么，会因为些许不快的小事做出攻击他人行为的人具有什么样的特征呢？

这一类人在心理学上，可以归为"容易将他人的行为解读为敌意"的人。简单地说，就是他们会把他人的行为动作先入为主地认为是敌意或恶意。

比如在早高峰时的地铁里，如果发生了和他人相撞的情况，不容易将他人的行为解读成敌意的人会认为"这么挤，被撞到也是难免的"。

而容易将他人的行为解读成敌意的人会认为"他是故意撞我的"。且有可能当场对他人做出实际性的攻击。

对此心理学家A.道奇进行了具体的研究。他以因杀人、故意伤害、抢劫等原因入狱的年轻人为对象，让他们观察一般人不会解读为敌意的行为。之后询问他们是否在刚才的行为中感受到了敌意。

结果表明，越容易感受到敌意的青年，犯罪的次数越多。这一结果证明了：是否更容易将行为解读为敌意和是否采取攻击行为有着密切的联系。

第1章 社会现象与心理学

敌意归因模型

● 在大家的面前被上司痛骂

不容易解读成敌意的人

上司教导我，也是为我好。

容易解读成敌意的人

这家伙就是为了让我丢脸才在这么多人面前骂我！

> 敌意归因是指将对方的行为解读成攻击的心理倾向

● 越容易将他人的行为解读为敌意的人，越容易采取攻击行为

在高峰期的地铁站被前面的人撞到。

不容易解读成敌意的人	容易解读成敌意的人
会认为对方没有敌意	会认为对方有敌意
人太多了，难免的。	他就是故意撞我的。
采取攻击行为的概率低	采取攻击行为的概率高

图解社会心理学入门

为什么网络热门话题容易激化和爆炸？

关键词：社会比较理论

知晓他人的意见,会加速批判的过程

当今社会，每天都会有大大小小的事情成为网上的热门话题。从公众人物的不恰当言论、丑闻，到有人上传被解读为宣扬恐怖主义的视频，再到公务员和企业发生的丑闻等五花八门的内容，在极短的时间内，就会在社交媒体上发酵蔓延。话题当事人的社交账号，也会瞬间淹没在批判的声浪中。

人们对网络热点话题的批判，往往是非常过激且极端的，从否定对方的人格、人格歧视，到直接谩骂、人身攻击。那么，为什么在网上热议的热门话题，容易激化和失控呢？

能够解释这一现象的说法有"社会比较理论"和"群体极化"概念。社会比较理论是指，在大多数人和自己持有相同意见立场的时候，会对自己所持有的意见更加自信，且会更加坚定自己所持的想法和立场。而群体极化（详见48页）是指，在集体讨论的时候，持激进立场的人越多，最后的决定也会趋于更加激进，而持保守意见的人越多，最后结果也会趋于保守。

在网络环境中，很容易找到和自己持相同看法、立场的人。而只听和自己相同的意见，或是只和自己持相同意见的人交流会更容易引起群体极化现象的发生，结合沉默的螺旋（详见30页）和轻视个人反对意见的团体迷思（详见50页）等多种因素，是激化网络话题爆发的原因所在。

社会比较理论

应该引入消费税。

虽然我这么想，但是不知道大家的态度怎么样。

知道他人的意见

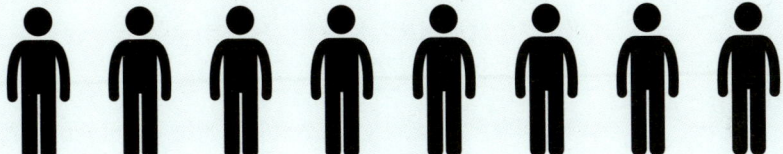

赞成　反对　赞成　赞成　赞成　赞成　赞成　反对

群体极化

赞成引入消费税的人多，所以我想的是对的。

得知多数人和自己持相同意见的时候，对自己的想法会更加有信心。

沉默的螺旋使少数派的人更少

人更想融入多数派的圈子

在1965年举行的德国联邦议会选举中,投票前2个政党的支持率不分伯仲,但在投票中获胜政党的票数却取得了压倒性的胜利。为何在支持率曾相差无几的情况下,得票率会有如此大的差距?

对此事抱有浓厚兴趣的德国政治学家诺尔·诺依曼关注到了选举开始前进行的一项民意调查。调查的具体内容是:您觉得参与选举的两党哪个更可能获胜?结果发现,投票给胜利政党的民众数量,是在选举的半年前突然增长的。

也就是说,在无关支持率的舆论面上,民众对谁更有可能获胜这一问题,已经有了自己的答案。

诺依曼认为民意和舆论,左右了选举的结果,并由此提出了"沉默的螺旋"假说。

假说认为当人们发现自己处于"优势"一方时,会更倾向于积极大胆地表达自己的观点,当发现自己处于"劣势"时,一般人会屈服于环境压力,害怕被大众孤立,开始沉默。而闷不作声的态度,会使处于"优势"中的人更有信心,这一过程会加剧使处于"劣势"中的人更加动摇,使他们更加沉默。

诺依曼指出,媒体进行的舆论调查等活动中释放的信息等原因,是引发"沉默的螺旋"效应的重要因素。实验的前提是认为人是社会性群体,因此害怕在社会中被孤立。社会中的大多数人会对周围人的态度和社会舆论察言观色,做出让自己不会被孤立的选择。这样一来,多数派的人数会更多,少数派的人数会更少。

但那些立场坚定、不怕被孤立的少数派们,往往是变革中不可或缺的角色。

关键词 沉默的螺旋

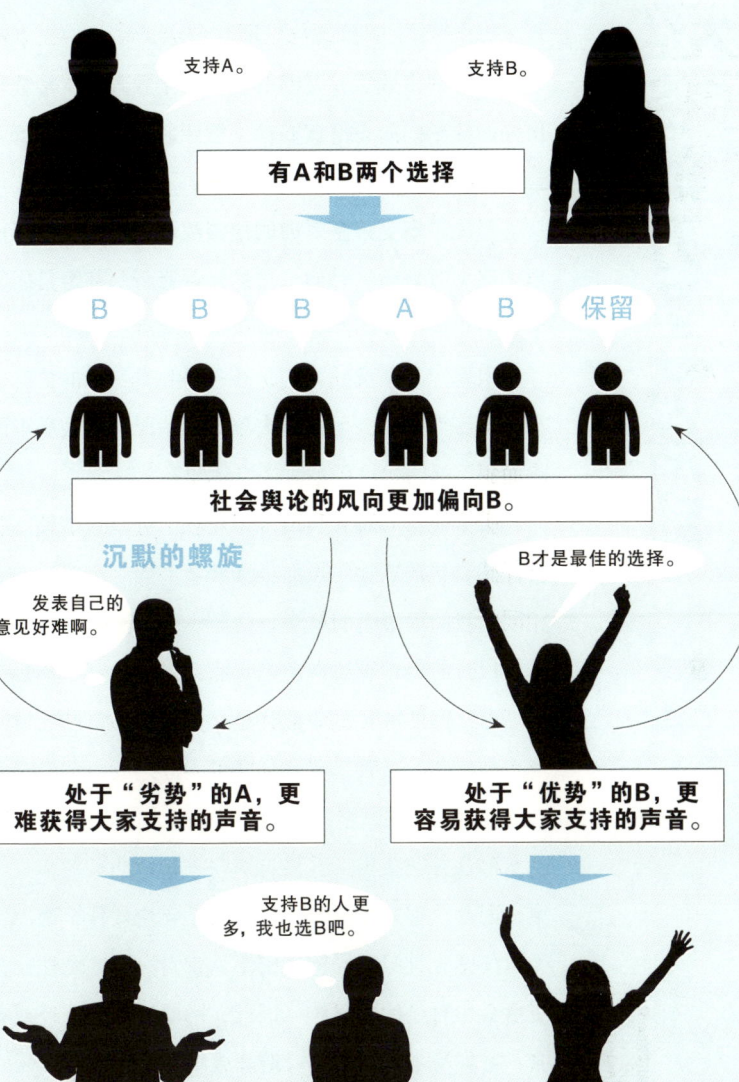

涩谷的万圣节活动，为何变成了暴力事件？

去个体化具有"整体感""无责任感""匿名性"三大特征

西方的传统节日万圣节已经完全融入日本社会。看着打扮好的孩子们向自己索要糖果撒娇的姿态，大家都不免会被眼前可爱的孩子萌到融化。

但为了享受万圣节而聚集在涩谷闹市区的群众们，却做出了诸如掀翻路上轻型卡车的种种暴行，甚至最后发展成了半暴力化的恶性事件。

引发涩谷骚乱的人们，在平时独自一人的情况下绝对不会做出暴力行为，但在多人聚集的状况下会被周围的人所影响而犯下暴行，这就是"去个体化"。

去个体化心理大致有三个特征，分别是"整体感""无责任感""匿名性"。在运动赛事或同好会等集会中，因为相同的目的而聚集的群众，会容易产生整体感。

以涩谷的情况举例，当大家都以参加万圣节集会为目的集结时，即使单独一人前往也会因为大家集结的目的相同而产生整体感，这种情况容易降低人的判断力和控制力，使人情绪高涨。外加酒精的作用，人会失去平时对自己的约束力。

群众并非集体，并没有对每人相应的义务和责任进行约束。因此，很容易产生一种"自己无论做什么都无所谓"的无责任感。且因为周围人都不认识自己的匿名性，又会进一步地减少自己的罪恶感。因此，随着场面的失控或氛围的紧张，更容易令人做出违反道德或法律的行为。

关键词 去个体化

去个体化的心理特征

整体感

群众聚集的时候容易产生整体感，且容易让自己的情绪高涨。

无责任感

个人融入群体的感觉，会稀释人的个体感，使人进行不负责任的行动。

匿名性

陌生人聚集的环境具有一定的匿名性，没人认识自己的感觉使犯罪时的罪恶感降低。

没有安全感的人期望聚集在一起

人们群聚的一个理由是："因为可以知道别人的想法，更能给予自己安全感。"

在一场以"调查电击效果"的名义进行的一场实验中，实验前提前告知一组人"电流很弱，没什么感觉"，告诉另一组人"电流很强，会有很强的痛感"。

之后询问他们在接受实验之前，打算做些什么来打发时间。

结果，被告知"电流很强，会有很强的痛感"的小组成员中回答"打算和别人一起等"的人更多，这是一种"他人和自己有着同样的不安，所以想聚集在一起寻求安全感"的心理。

●告诉被实验人"我们要调查电击的效果"

A组
"电流很弱，没什么感觉"

没什么感觉。

B组
"电流很强，会有很强的痛感"

有强烈的电击感。

询问他们在接受实验之前打算怎么打发时间

和别人一起等	33%		和别人一起等	60%
自己一个人等/都可以	67%		自己一个人等/都可以	40%

人在什么情况下，会处于恐慌状态？

关键词：恐慌

人在特定的环境下，更容易陷入恐慌情绪中

群众在遭遇大型灾害或者事故的时候，容易失去理智，陷入恐慌的状态。但是反观迄今为止的种种案例，我们可以发现，并非是在特定群体条件下的人才容易陷入恐慌情绪中。

那么在什么样的情况下，人会更容易处于恐慌状态呢？有人认为，在生命或者财产遭遇极度威胁的情况下，解决问题、避免危机的手段被限制，解决问题的方法面临失效等，都会使人容易陷入恐慌的情绪当中。

为了验证这一观点，有人进行了如下实验：

首先，召集实验者们，让他们在最短时间内逃出房间，但是出口很小，一次只能通过一人。实验参与者的手边有分别写着"逃出"和"让步"的按钮，对逃出的顺序，设定了以下的规则：

·如果按下"逃出"按钮100下，就可以逃出，但如果有人同时也在按"逃出"的按钮，则按下的次数无效。

·如果按下"让步"的按钮，则会帮助按下"逃出"的人累计次数。

最后如果逃出失败，会被施以强烈的电击。

刻意安排的环境会非常容易引起人们的恐慌情绪，随着时间的流逝，更多的人选择按下"逃出"按钮，所有人都期望自己能够得到逃出的机会，结果却是没有一个人成功逃出房间。

容易引起恐慌的情况

在生命或者财产遭遇极度威胁的情况下

- 解决问题、避免危机的方法被限制。
- 解决问题的方法面临失效。

人容易陷入恐慌情绪中

● 逃出房间的实验

多数人必须在短时间内，通过出口，逃出房间。

出口一次只能通过一人

对逃出的顺序条件，他们被告知了以下的规则。

- 全员被分配了写有"逃出"和"让步"的2个按钮。
- 如果按下"逃出"按钮共计100次就可以逃出。
- 如果其他人此时同时按下"逃出"按钮，则按下的次数无效。
- 如果按下"让步"的按钮，可以帮对方累计次数。
- 逃出失败会被施以强烈电击。

实验的结果：没人成功逃出房间

为何有人在遇到紧急情况时，不采取避难行动？

关键词 多元无知效应

如果周围人不采取行动,则对紧急状态毫无察觉

近年来的日本经常遭受连续的暴雨灾害，虽然每次政府都会发布紧急避险警告，但是每次都会有不少人因避险不及而遇害。

那么，为什么有人会在遭受灾害的时候，不采取避难措施呢？其实是因为他们还没有意识到现在发生的就是灾害。比如说，在发布紧急避险警告的时候，如果一个人周围的住户都开始了积极避险的行动，那么他自己也会感觉到现在的情况危急，从而采取必要行动。但如果周围的人一如既往，就会让人产生"事情还不大"的错觉，因此自己也不会采取必要的行动。

因此，在周围的人没有采取行动的情况下，一个人自己的紧张感和不安的情绪也会被抑制，会认为事情没有什么大不了的。这种情况被称作多元无知。

针对多元无知这一现象，曾经进行过如下的实验研究。

首先以面试的理由招录2～3名学生进入室内填写调查问卷。没过多久，有浓烟从换气口排入房间，屋内顿时烟雾弥漫。参加面试的学生里，只有一人是毫不知情的实验参与者，其他学生均是研究人员假扮的。研究人员假扮的学生在浓烟已经填满房间的状态下，也毫不在意地继续填写问卷。实验参与者会在多久的时间内通知工作人员呢？结果是，实验参与者单独在房间的情况下，55%的人在2分钟以内就将房间内发生的异常通知了工作人员，而如果在实验参与者和2名"学生"同时在场的情况下，只有12%的人在2分钟以内通知了工作人员。

房间内烟雾弥漫，明显是发生了异常状况。但是因为周边的人没有反应，没有采取行动，置身其中的人自己也会松懈警惕，认为发生的事情并不重要。

多元无知

在填写调查问卷的时候，从通风口向室内排烟。实验参与者单独在场的情况下，55%的人会在2分钟以内通知工作人员。但是如果实验参与者和2名故作镇定的"学生"一起在场的情况下，只有12%的人在2分钟内通知了工作人员。

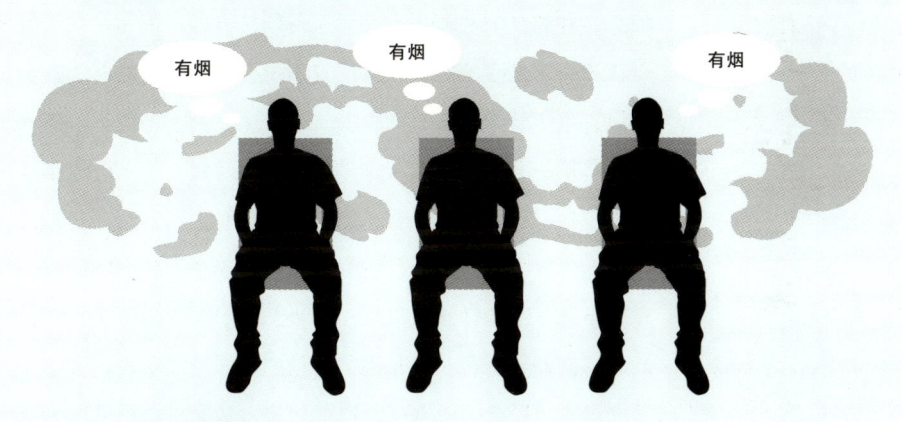

有烟　　有烟　　有烟

房间内有烟冒出来！

● 只有实验参与者一人在场的情况下

⇒55%的人在2分钟以内、75%的人在4分钟以内通知了工作人员。

虽然有烟冒出来，不过大家都没感觉，应该没什么事情吧。

● 实验参与者和1名或2名假扮学生的研究人员一起在场的情况下

⇒在2分钟以内只有12%的人通知了工作人员，时间过去4分钟也只有12%的人选择通知工作人员。

只要相信就会得救？

只要换个想法，心中的矛盾就会解开

一个人的行为与自己先前一贯对自我的认知产生矛盾的状态，称为认知失调。心理学家费斯汀格做出假设：当人处于认知失调的状态时，人会下意识想去改变自身的行为或者想法，避免处于认知失调状态。

费斯汀格的研究指出：某宗教团体深信："在1954年12月21日，世界会毁于灾难性的大洪水。只有信徒会被外星人拯救。"但是那天什么都没发生，于是信徒们的心中出现了矛盾："为什么大洪水没有来，外星人也没有来。"之后信徒们开始解释："是因为自己的信仰打动了神，神阻止了大洪水。"他们改变了自己的想法，消除了自己心中的矛盾，避免了认知失调的状态。

与此类似的还有一部分烟民，同样处于认知失调的状态：他们明知香烟对人体有害，但是仍旧无法摆脱香烟的诱惑。

为了解决心中的矛盾，有些人打算戒掉香烟，然而戒烟本身是很困难的。因此，有人会想"有人抽烟也挺长寿的""戒烟过程太受罪，对身体不好"，从而说服自己，消除内心的矛盾。

并且，人们会下意识只选择收集对自己有利的信息，避免认知失调的发生。

关键词：认知失调

第1章　社会现象与心理学

脱离认知失调状态的过程

某宗教团体的例子

某宗教团体深信:"在1954年12月21日,世界会毁于灾难性的大洪水。只有信徒会被外星人拯救。"

那天什么都没发生。

预言并未实现,信徒们的心中出现了矛盾,陷入认知失调的状态。

为了避免认知失调,消除自己心中的矛盾,他们解释说:"是自己的信仰打动了神,神阻止了大洪水。"

费斯汀格的认知失调实验

安排实验参与者做非常无聊的工作,却告诉他们工作非常有意思,使他们陷入认识失调的状态,之后给予被实验人1美元和20美元的报酬,观察他们如何脱离认知失调状态。

⬇ 告诉实验参与者工作很有趣,且给予20美元报酬。

⬇ 告诉实验参与者工作很有趣,且给予1美元报酬。

实验结束后询问他们的真实感受

这工作真无聊。

因为20美元的高额报酬,能够说服自己脱离认知失调状态。

这工作还真挺有趣的。

因为1美元的报酬过低,无法说服自己内心的矛盾,因此改变自己的想法,使自己脱离认知失调状态。

被孤立感使人走向犯罪？

处于被社会孤立状态下，人的攻击性会变高

1995年到2001年，美国发生的15起学校枪击事件中，有13件的犯罪者曾遭遇严重的校园暴力和孤立。且诸多走上歧途的年轻人和双亲的关系也并不融洽，在社会中处于没有归属感的孤立状态。

是否那些和家人、朋友以及社会之间没有形成深厚关系纽带的人，会更容易踏入犯罪的歧途呢？特温格教授做了一项实验，来验证处在被孤立状态的人和攻击行为的关系。

实验首先邀请了4～6名初次见面的学生，让他们闲聊15分钟左右。之后让他们回答问卷，并选择2名愿意一起做课题的学生。

之后，随机告诉学生"所有人都想和你一起做课题"和"没人想和你一起做课题"，将他们分为"欢迎组"和"孤立组"两组。

之后，让他们和不曾参与闲聊的学生一起玩游戏，如果赢了就可以向输者的耳机里播放令人不快的噪音作为惩罚。结果"孤立组"学生播放的噪音，相较"欢迎组"学生播放的噪音的音量大了1.4倍，时间长了2倍，表现出很强的攻击性。

参加实验的学生只是处在了疑似被社会孤立的实验状态下而已，就因为被孤立的感受而表现出很强的攻击性。

关键词 被社会孤立

社会孤立和攻击行为的实验

让数位参加者进行总计15分钟的自我介绍和闲聊。

↓

分别让他们选出想和他一起做课题的2人。

↓

随机将学生们分配为"被所有人接受"的欢迎组,和"被所有人排斥"的孤立组两组。

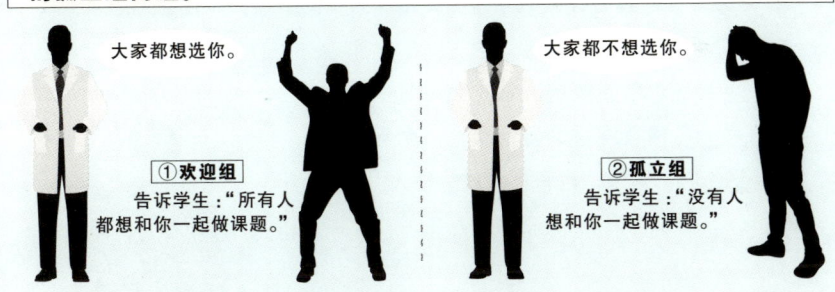

大家都想选你。

①欢迎组
告诉学生:"所有人都想和你一起做课题。"

大家都不想选你。

②孤立组
告诉学生:"没有人想和你一起做课题。"

让他们和其他不参与分组的学生一起玩游戏,如果赢了就可以向输者的耳机里播放令人不快的噪声作为惩罚,时间和音量都可自己选择。

↓

结果 "孤立组"学生播放的噪声,相较 "欢迎组"学生播放的噪声,音量大了1.4倍,时间长了2倍,表现出很强的攻击性。

服从心理

在米尔格拉姆实验中（详见18页）我们了解到，当人被权威所命令的时候，即使是残忍的命令，也会服从下去。那么令人"服从"的原因是什么？

对此的一种解释是，在被人命令的时候，人会进入"代理人"的角色状态，认为自己仅仅是帮他人做事，是实现他人愿望的"代理人"。

参加实验的人在被研究员命令的时候，会产生"电击是研究员的命令，我只是遵从他的命令，按按钮而已"的想法。

人在"代理人"状态的时候，会认为做的事情自己无须负责，在这时即使做出了伤害他人的实际行为，也没有任何负罪感。

我们在看待犯下大量屠杀他人等反人类罪行的罪犯时，会报以"这些人一定是有什么缺陷才会做出反人类的事情，和社会上的正常人完全不一样"的想法。

但是米尔格拉姆实验向我们证实，即使是一名神智清醒的普通市民，受到相应环境影响的时候，也有可能成为罪人。

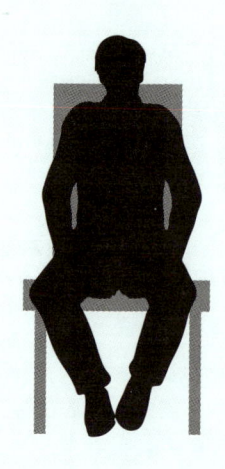

第 2 章
组织与群体心理学

群体规范是什么？

关键词：群体规范

群体规范源于成员间的相互影响

群体规范是已经确立的对思想和行为进行评价的标准，每个成员都必须遵守。不同的群体常常会有属于自己群体的规则、习惯和价值观。但群体规范是如何形成的？谢里夫用实验来一窥群体规范的形成。

首先，他招录了2～3名学生进入暗室，对实验参与者说："你们会看到一个光点，告诉我光点移动了多少距离。"

结果，每个学生单独一人观察光点的时候，互相之间得出的答案相差很大。但是和其他学生同时观察的时候，随着实验次数的增加，每个人得出的答案也越来越相近。但其实光点本身并没有移动，光点看上去的移动是单纯的错觉效应。但在多次反复实验之后，在各人的答案相差很大的情况下，大家会不自觉地以别人的答案作为参考，确立出一个数值接近的共同标准答案。

原本各人都会有自己的想法和行为规范，但在进入群体环境时，每个人之间不同的思考方式和行为动作会不断地影响彼此，从而在潜移默化中形成一个较统一的群体规范。

群体规范会因群体成员的价值观发生变化。比如，群体内看重个人形象的人越多，群体规范中对发型和着装等要求就越容易形成规范，且群体成员内部会更热衷强调这方面的要求。

想要知道集体内对某种行为的规范程度有多强？可以参考右图的模型。

第2章　组织与群体心理学

关于群体规范是如何形成的实验

问学生们："暗室内光点移动了多少英尺？"

每个人单独观察时得出的答案相差很多，但在2～3人同时观察的时候，答案会随着实验次数的增加逐渐相近。

单独观察的时候，每个人的答案相差很多。

7.5　　2　　0.5

3个人同时观察的时候，答案会逐渐接近。

1.5　　2.4　　1.4

曲线模型

集体中，规范某种行为的程度有多强？可以看下面的曲线图。

比如，调查某群体的成员，询问他们认为应该给高中生多少零花钱。可选范围从1000日元到10000日元不等，让他们从−4到+4的9个区间中选出自己的看法。将统计数据绘图，结果可见，在该群体的集体规范中，认为最恰当的钱数是5000日元，可以接受3000到7000日元的范围内。

● 最大点（最被群体所认同的行动）

高认同度 4

最大点（最被群体所认同的行动）

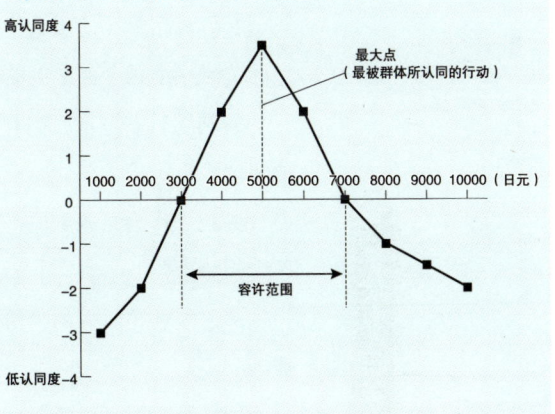

1000 2000 3000 4000 5000 6000 7000 8000 9000 10000（日元）

容许范围

低认同度 −4

人为什么会服从组织？

令人服从的五个社会性势力

当集体决定某些事情时，我们有时会随波逐流做出违背本心的决定。这种单纯的从众心理叫作"外因性从众"。

举个生活中常见的例子，大家聚会玩耍，气氛正炒得火热的时候，有人提出接下来一起去卡拉OK。虽然这个时候你很想回家，但会害怕大家认为你不合群，或者不想破坏现在正好的气氛，就会硬着头皮一起去，这就是外因性从众。而认为周围的意见是正确并且可接纳时发生的从众行为，称为内因性从众。

外因性从众在服从行为中也会起到作用：在新闻中有时可以看到某大型企业被爆出了恶劣的事件或丑闻。个人的服从行为也是导致最后丑闻的重要因素，虽然公司职员知道这样的行为是错误且危害社会的，但是脑海中"不想站在公司的对立面""我是为了公司才这样的"等想法，会令人自觉服从上级的指令。

心理学家法兰琪和瑞文将艾希曼实验中使人服从的力量称为"社会性势力"，社会性势力由以下五种因素构成。

1. 以高报酬的诱惑，使人服从的"报酬势力"。
2. 利用上司（前辈）的身份使人服从的"正当势力"。
3. 利用对方对自己抱有的好感或尊敬，使人服从的"参照势力"。
4. 利用作为某领域的专家（权威）的身份，使人服从的"专门势力"。
5. 以能惩罚对方的身份，要挟恐吓使对方服从的"强制势力"。

即使是心智良好的普通人，一旦陷入"社会性势力"的逼迫，虽然明知自己正在犯错，也仍然不会停止自己的行为。

关键词　社会性势力

内因性从众和外因性从众

认为周围的意见是正确且可接纳时发生的从众行为,称为内因性从众。而虽然违背自己的本意,但出于害怕被排挤、孤立等原因,强迫自己附和的从众行为,称为外因性从众。在团体内越能感受到自己的存在价值、团体成员之间的联系越紧密时,就越容易发生从众行为。

烤肉比寿司好吃多了。

真的是好吃多了!

是啊。

我还是喜欢寿司啊。

内因性从众　　　　　　　　　　**外因性从众**

使人服从的社会性势力

心理学家法兰琪和瑞文,将使人服从的力量称为"社会性势力",可细分为以下5种:

1."报酬势力"
以高报酬诱使人服从。

2."正当势力"
利用社会上的地位,或是上司、前辈的身份使人服从。

3."参照势力"
利用对方对自己抱有的好感或敬意使人服从。

4."专门势力"
利用法律、医疗、文化、政治等专家的身份使人服从。

5."强制势力"
以给对方惩罚作为要挟,使人服从。

集体做出的决定容易极端化

集体做出的决定,很容易走极端

大家是不是会觉得在做决定的时候,集体商议后做出的决定比独自一人做出的决定,要更加安全和稳妥?但心理学家斯托纳的研究却告诉我们,事实并非如此。

斯托纳曾进行过一个叫作"选择两难的问卷调查"的社会实验:请实验参与者回答12个问题,题目基本是类似于"是否愿意拥有一份不保证发展渠道,但是工资很高的工作"等此类需要对风险进行评估的问题。询问实验参与者会在成功率为多少的前提下会选择尝试挑战此类工作。

当实验参与者单独回答的时候,男性认为成功率的范围平均应在55.8%,而女性认为应在54.7%。说明男女双方都认为如果没有50%的成功率,自己不会尝试此类工作。

之后将男女依照性别分成6人小组,让他们通过集体讨论后得出答案。结果显示男性对成功率的要求下降到47.9%,女性则下降到46.8%。这时他们认为,虽然成功率较低但自己也可以尝试。这一结果表明,集体的共同决策,会比个人决策具有更大的冒险性。这种群体决策比个人决策更具有冒险性的现象,就称为"冒险转移"。而群体内部偏向保守做法的成员越多,最后做出的决策也会偏向保守,这种情况被称为"慎重转移"。

群体做出的决策与个人的决策相比,更有可能得出极端化的结果,这种现象被称为"群体极化"。引起群体极化的原因有从众现象(详见14页)、社会比较理论(详见28页)等。

关键词 群体极化

第2章 组织与群体心理学

冒险转移实验

请人们对风险进行评估，询问他们会在成功率为多少的时候自己才会进行尝试。

结果，群体的共同决策相较个人的决策，具有更大的冒险性。这种群体决策比个人决策更具有冒险性的现象，就称为"冒险转移"。

●回答12个问题，问题类型类似下例

【问题示例】

【1】某电气工程师虽然工资平平，但他是公司的永久雇员，不会有被开除的风险。现在有一份工资很高，但不保证未来发展情况的工作摆在他面前，他正烦恼自己是否应该跳槽。你认为最低应该有多少成功率才会考虑跳槽？

【2】某人患有非常严重的心脏病，只有接受难度很高的手术，他才有过上正常生活的可能。但手术的风险很高，如果手术失败则意味着会失去性命。你认为最少应该有多少成功率才会考虑做手术？

●男性选择的平均成功率：

【个人】 55.8%

【集体商量后得出的答案】 47.9%

偏向冒险的概率增长了7.9%

●女性选择的平均成功率：

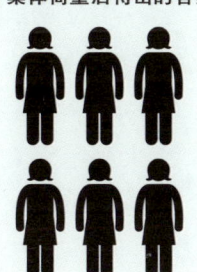

【个人】 54.7%

【集体商量后得出的答案】 46.8%

偏向冒险的概率增长了7.9%

团体是如何做出错误决定的?

当团体中出现"过分自信""轻视""信息隔离"等现象时,一定要格外注意!

团体迷思是美国心理学家艾尔芬·詹尼斯最先提出的概念,指个人虽然可以做出正确的判断,但在团体的决策中却最后得出错误结果的情况。

詹尼斯在实验中将美国政府看作一个团体。回溯美国历史上发生的种种错误事件(偷袭珍珠港事件、朝鲜战争、越南战争、入侵猪猡湾事件、水门事件等),分析调查在各种事件的决策过程中,美国总统和幕僚、参谋们是如何将事件带入错误的方向,导致最后做出了错误的决策,直至灾难的发生。詹尼斯系统分析了团体迷思的数个特征。

根据詹尼斯的理论,具有高度凝聚力的团体和不容易提出反对意见的团体,更容易发生团体迷思现象。发生团体迷思前会出现几个特征,分别是"过分的自信和盲目的乐观""轻视来自外部的忠告"以及"刻意无视、隔离反对自己立场的信息和意见"等。如果不及时纠正这些问题,那么团体迷思会在事件的进展中,产生"不研究其他方案""无视风险代价因素""不考虑应急方案"等负面影响。

虽然詹尼斯是用美国政府曾经的决策作为研究样本,但理论本身也通用于民间企业:如某工厂曾被指出有重大隐患,但该工厂轻视这一问题,结果导致了重大事故的发生。这也是解释团体迷思很好的例子。

关键词:团体迷思

团体迷思

凝聚力越高的团体，越期望、追求内部意见的统一。

● 团体迷思将要发生时的一些特征

过于相信团体的能力
我们一定可以！
对团体的价值观和能力抱有过度自信，认为团体决定的事情一定可以完成。

对其他团体的轻视
没必要听外行人的意见。
认为其他团体的人都是什么都不懂的菜鸟，轻视他们给出的忠告。

隔离疑问和批判性意见
感觉有些奇怪，但是不好说出来啊。
对不利于自己的信息进行拆分和歪曲，将其修改为看起来对自己有利的信息。此外，提出疑问所需要承担的内部压力也使人无法发声，造成全员一致认为事情本身没有问题的假象。

● 错误决策的特征

1. 不全面研究其他方案
2. 不全面研究决策目标
3. 信息搜集不到位
4. 信息处理过程中出现偏颇
5. 不重新评估当初放弃的选择
6. 无视风险、代价等因素
7. 不考虑应急方案

如何推翻错误的决策？

明知道是错的,但没办法推翻错误的心理

在群体极化和团体迷思的小节中,我们了解到群体共同做出决策时,可能发生的各种问题。那么如果群体成员察觉到做出的决策有问题,是否可以对问题进行及时纠正,或是撤销决策呢?

答案是不可以。就算觉察到决策有问题,但是发现错误的人也会因为"沉没成本现象",让错误无法及时得到纠正。

沉没成本现象是指"不想让之前付出的努力白费""不想承认自己的判断有问题"等令人很难推翻错误决定的心理活动。比如,在会议中公司通过了某投资项目。如果最后成功,投资的回报会非常可观。但是需要持续进行每个月1000万日元,共1亿日元的庞大投资,而项目进行过半的时候,有人发现收益回报并没有预想的可观。虽然在这时可以叫停项目,但是如果停止则意味着前期5000万日元打了水漂,况且董事长本人非常看好这个项目,如果叫停项目也是驳了董事长的面子,为此硬是进行了后期的投资。结果造成了1亿日元的损失,此时为了避免错误进行下去,需要"魔鬼代言人"。

"魔鬼代言人"是指在进行群体商议、决策时,找出一人刻意针对每一项议题提出反对的意见和质问,从而让其他人更能毫无顾忌地说出自己的看法,听取多方面的信息,让决定更加谨慎。

关键词 沉没成本

沉没成本现象

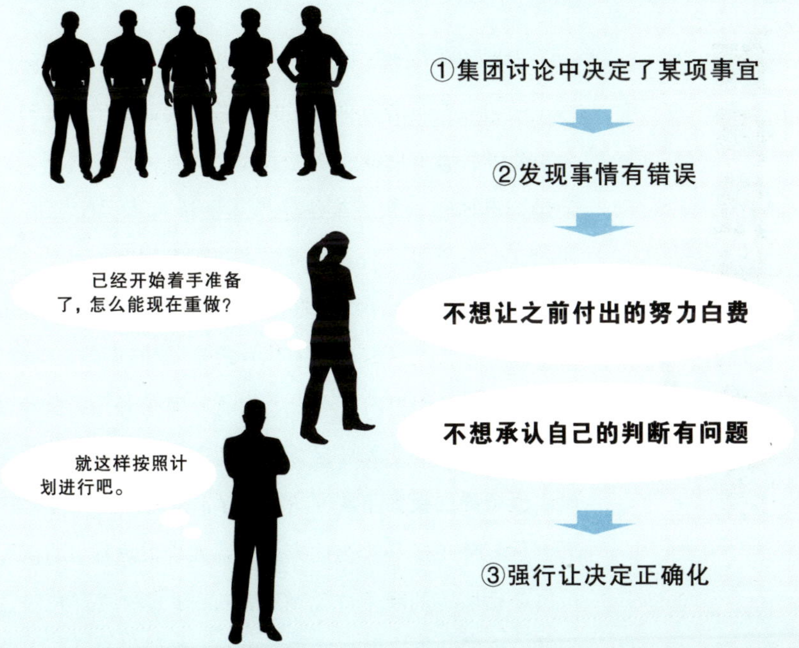

① 集团讨论中决定了某项事宜

② 发现事情有错误

已经开始着手准备了,怎么能现在重做?

不想让之前付出的努力白费

不想承认自己的判断有问题

就这样按照计划进行吧。

③ 强行让决定正确化

魔鬼代言人

这是讨论活动中的一个技巧,在决策时让一名参与者刻意地反对多数派的主张,让持有少数意见的人能够无所顾忌地阐述自己的想法,让会议可以多角度、多立场地讨论,避免致命性错误的发生。

就决定用 A 方案吧。

赞成!

等等,A 方案有 XX 的风险啊。

魔鬼代言人

A 方案真的可行吗?

群体做出的决策真的是最好的吗？

关键词：过程损失

为何有成员明知正确答案，但群体的决策却得出了错误的结果？

比起一人做出所有决定的"独裁式管理"，人们更喜欢大家商议后做出决定的"民主式管理"。通常情况下，人们会认为群体得出的决策优于个人的决策，但实际情况并非如此。

比如，某5人小组正在研究课题，如果小组里有1人知道正确的解法，大家会认为最后小组一定能得出正确的答案。实际上，如果小组内只有1人知道正确答案，那么最后得出错误结果的概率是27%，有2人知道正确答案的情况下，得出错误结果的概率下降至8%。有3人知道正确答案的情况下，下降到4%。在小组内有4人都知道正确答案的情况下，得出正确回答的概率才是100%。为什么明明有人知道正确答案，小组决策却仍有可能得出错误的结果？这一现象叫作**过程损失**。**过程损失**是指团体交流时，能力和素质优秀的成员无法发挥自己的能力，使能力折损的情况。

比如，在团体讨论时，有时脑海中会出现灵光一闪的情况，但很多时候自己突然的灵感却没法及时发表。随着讨论的进行，能说出自己创意或想法的时间越来越少，脑海里突然一闪的创意也无法一直保持思考，就这样浪费了好不容易出现的灵感。不仅如此，还容易让人有"交给其他人讨论就行了"的想法。如此，有能力的人也无法在团体内自由地展现自己的能力，造成"明明有成员知道正确的答案，但最后却作出错误回答"的结果。

过程损失现象产生的原因

● 过程损失　　　　●无法及时发言　　　　●搭便车现象

"我不参与思考也可以吧。"

"怎么还没到我讲话啊。"

"干脆交给别人考虑算了。"

有时集体成员突出的个人能力无法充分在团体中应用，导致这样结果的原因有二：
· 有时灵光一闪出现创意或意见，但此时别人正在发言。由于无法及时表达，大脑无法一直维持思考，最终浪费了创意。
· 交给别人讨论、解决问题，自己完全不参与思考过程，只想最后坐享其成。

投票悖论

人们认为全员参加讨论的方法是最能反映全员意见的民主方式，但可以通过修改会议进程的方式，操作最后的投票结果。右图为著名的"投票悖论"：从A、B、C三个选项中投票选出一项的情况下，改变投票的顺序可以有效左右最后的结果。（下面情况模拟了议席数量相同的3个政党通过议会的方式，举行投票。）

政党	投票者的选择偏向（方案）
A党	A>B>C
B党	B>C>A
C党	C>A>B

会长想让A方案通过的情况

首先对方案B和方案C进行投票
A党＝给B方案投票
B党＝给B方案投票
C党＝给C方案投票
　　　　⇒B方案胜利

对A方案和B方案投票
A党＝给A方案投票
B党＝给B方案投票
C党＝给A方案投票
　　　　⇒A方案胜出

会长想让B方案通过的情况

首先对方案A和方案C进行投票
A党＝给A方案投票
B党＝给C方案投票
C党＝给C方案投票
　　　　⇒C方案胜利

对B方案和C方案投票
A党＝给B方案投票
B党＝给B方案投票
C党＝给C方案投票
　　　　⇒B方案胜出

不同团体的成员，是如何产生对立状态的？

关键词 罗伯斯山洞实验、群际关系

对自己所属群体的强烈归属感和对其他群体的敌意，是引发对立的主要原因

在运动赛事的现场，经常能看到观众对自己喜欢的团队呐喊助威，向对手团队喝倒彩这一违反体育运动精神的行为。人们对自己所属的团队（内团体）抱有好感，向对方团队抱有敌意（外团体）的对立行为，被称为群际关系。

社会心理学家穆扎费尔·谢里夫和他的研究成员为找出解除因群际关系而产生冲突和侵犯行为的方法，共进行了三阶段的实验。实验叫作罗伯斯山洞实验。

谢里夫的研究团队挑选了22名当地的11岁男孩。研究人员将他们带到罗伯斯山洞国家公园体验夏令营生活。孩子们分为两组，每一组孩子都不知道还有另外一组团队的孩子在这附近驻扎。

第一阶段的第一周，孩子们在野营生活中变得团结了起来，形成了一个团体。一周之后，组织者告诉孩子们附近还有别的孩子在进行夏令营，下周安排和另一组孩子进行竞技活动。于是，孩子们对尚未谋面的另一组团体萌生了极大的敌意。也因此，孩子们之间的凝聚力变得越来越强。

实验进入第二阶段。让两组孩子互相碰面，之后举办了棒球比赛和拔河比赛，胜利的一方能赢得奖励，孩子之间发生了互相敌对的群际关系。孩子和自己团体之间的凝聚力也因此愈加强烈，甚至选出了研究如何打败对方小组的内部小组。在此时，研究人员对孩子进行了人际关系调查。这时候的孩子均认为和自己同属一个团体的孩子是自己的朋友。随着群际关系的发生，团体中的凝聚意识和伙伴意识越来越强，对对方团体的敌意也不断增加。

第2章 组织与群体心理学

罗伯斯山洞实验

● **第一阶段** 让孩子们通过集体生活，提高彼此之间的集体意识

少年们的共同生活开始了
被分为两个团体的孩子们，以夏令营的方式在罗伯斯山洞国家公园度过总计三周的时间，孩子们之间尚不知道对方团体的存在。

提高孩子们的集体意识
孩子们通过野营生活，不断提高彼此之间的集体意识，结成了属于自己的团体（内团体）。

告知孩子们其他团体的存在
一周之后，告诉孩子们这附近还有另一组夏令营团体。少年们对尚未谋面的团体（外团体）萌生敌意，团体意识因此逐渐增强。

● **第二阶段** 引发群体成员之间的对立，发生群际关系

让孩子们进行体育竞技
让两组团体的孩子们见面，之后举办了棒球比赛和拔河比赛，胜利的一方能赢得奖励。此时，一方团体想要战胜对方团体，不想输的情绪不断蔓延。"群际关系"开始发生，强烈渴望打败对方团体（外团体）的情绪被激发，选出了研究如何打败对方小组的内部小组。此时对孩子们进行的人际关系调查显示，孩子们认为和自己同属一团队的孩子，都是自己的朋友。

竞技引发了团体之间的敌意
形成强烈集体意识的内团体，因知晓了外团体的存在，对外团体萌生了强烈的敌意，产生了想要打败外团体的想法。在团体意识逐渐强烈的过程中，胜负分明的体育竞技会自然引发群际关系现象。

而想要战胜外团体和认为自己的团体更加优秀的想法，会促成团体内选出"领导团体"。之后对孩子们的调查显示，**在群体关系发生变化的状态下，对内团体的团结意识和对外团体的敌对意识，都呈现出增强的趋势。**

无法通过交流及对话的方式消除团体之间的对立

关键词 罗伯斯山洞实验、群际关系

当两个团体共同面对需要联手才能解决的问题时,对立会自然消除

在双方面对需要携手才能解决的"上层目标"时,两个团体间的矛盾会自然消除。

如上页所述在第三阶段中,为了消除两个团体因群际关系而出现的对立,研究人员特意举办了双方共同参加的各种娱乐活动:让两个团体的孩子在一起用餐、看电影、放烟花等。但两个团队的孩子矛盾过深,对立状态过于严重,在活动中甚至出现了对骂、互扔剩饭的恶劣行为。

此时,谢里夫团队认为单靠交流的方式,无法让群际关系下发生的对立状态缓和。因此,谢里夫刻意破坏了饮用水箱,让运送食物的卡车陷入淤泥里无法动弹,使孩子们不得不面对单靠自己的团体无法解决的"上层目标"。结果是,处于对立面的两个团体的孩子们选择了携手解决问题。他们团结在一起修理好了水箱,救出了动弹不得的卡车。孩子们顺利解决问题的同时,双方发生的对立和矛盾也大幅好转,双方之间的交流大幅度增长。在这时对孩子们进行的人际关系调查显示,认同外团体的人也是自己朋友的孩子多了30%以上,因群体关系发生的敌意大幅减少。谢里夫团队的罗伯斯山洞实验证明了,单靠交流及对话的方式无法消除团体间的对立关系,只有在双方面对需要携手才能解决的"上层目标"时,两个团体间的对立矛盾才会消除。

罗伯斯山洞实验

● 第三阶段　运用各种方法消除团体间的对立矛盾

举办娱乐活动的办法完全不行
让两组处于对立状态的团体共同聚餐、看电影等,但两个团体成员间的对立矛盾并没有消失,甚至在活动中出现了对骂、互扔剩饭的恶劣行为,让娱乐活动也一团糟。

创造靠单一团体无法解决的"上层目标"
水箱发生故障、运送食物的卡车陷入淤泥内动弹不得等情况,使孩子们不得不团结一致,以求解决眼前急迫的问题。

面对"上层目标",对立关系的两个团体开始携手合作
两个团体开始合作完成水箱的修理,救出了陷入淤泥的卡车。而达成上层目标的过程,使两个团体的成员有了共同合作的经历。团体成员间的对立状态也开始好转,之后的调查中认为其他团体的成员,也是自己朋友的人数增加了30%

●在罗伯斯山洞实验的两个阶段中进行的人际关系调查:

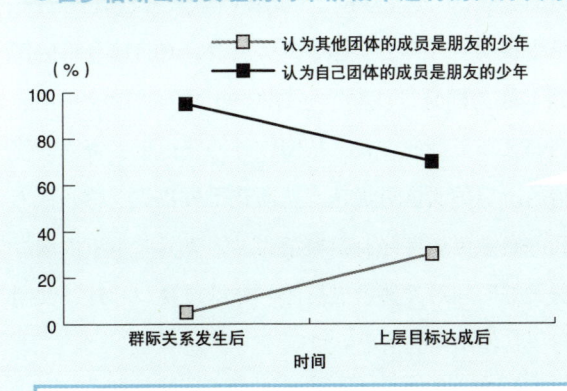

□ 认为其他团体的成员是朋友的少年
■ 认为自己团体的成员是朋友的少年

（%）
100
80
60
40
20
0
　　群际关系发生后　　上层目标达成后
　　　　　　时间

在发生群际关系后进行的人际关系调查中发现,认为其他团体的成员是朋友的人数不足10%,而在达成上层目标后进行的调查中显示,认为其他团体的成员是朋友的人数增加了30%,对外团体的敌意大幅减少。

罗伯斯山洞实验证明,带有奖励性质的竞赛会成为群际关系发生的导火索。而单靠交流以及对话的方式无法消除团体间的矛盾对立。

只有在双方面对需要携手才能解决的 "上层目标"时,两个团体间的矛盾才会消除。

人以所属团体的优势为傲

人即使自己吃亏，团体处于优势，也要优先确保

在日常生活中，我们属于各种不同的团体。我们加入团体的缘由，和在团体中所处的角色都是非常复杂的。欧洲心理学家亨利·泰弗尔曾以"最小群体范式"的方式，验证在实验中是否会发生"内群偏好"的情况。

实验中首先让实验参与者看两张画像，让他们选出自己喜欢的那张。之后将实验参与者分为两组。实验参与者全部匿名，且同组的人也无法看到对方。这样分成的团体排除了各种因素的干扰，唯一的共通点只剩下"被分为同一个群体"这样一个简单的理由。

之后让实验参与者给自己的组内成员一人和其他组成员一人分配钱或分数，**结果所有人都会给自己组内的成员分配更多的钱或分数**。且做出的选择优势不是让自己的团体获取最多利益的选择，而是可以和外部团体产生最大差别的选择。

此结果说明：人作为集体中的一员时，对自己身份的定义会受到"社会性身份认同"（详见 96 页）的影响，比起从团体内部获取资源的方式，从团体外部获得更多资源会使**人认为自己所属的团体更优越**。从而获得自我优越感，让人们对自我的感觉更加良好。归根结底，因为偏向小组内成员的"内群偏好"和对其他组成员的"外群歧视"心理，共同导致了打压其他团体的情况。

关键词：内群偏好

亨利·泰弗尔的"内群偏好"实验

实验方法

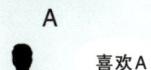

A
喜欢A

B
喜欢B

- 让实验参与者通过选择自己喜欢的图像的方式进行分组
- 参加者全部匿名
- 同组成员之间不会见面
- 让实验参与者自由选择，给和自己同一组的一人和外组的一人分配钱或分数

实验结果

[1] 将15分分配给两人的情况

偏向外群体 ← → 偏向内群体

和自己同组的人	1	2	3	4	5	6	7	8	9	10	11	12	13	14
外组的人	14	13	12	11	10	9	8	7	6	5	4	3	2	1

[2] 将26分作为中心，越靠近两侧，分数差距越大的情况

最大差异方案 ← → 群体利益最大化、共赢方案

和自己同组的人	7	8	9	10	11	12	13	14	15	16	17	18	19
外组的人	1	3	5	7	9	11	13	15	17	19	21	23	25

（摘自泰弗尔，1971年）

让实验参与者自由选择分配的方式，给和自己同属一组的一人和外组的一人分配钱或分数。实验的结果是，第一项选择12分~3分，第二项选择9分~5分的人数更多。说明多数人会做出宁可让自己吃亏，也会尽量拉大自己团体和其他团体差异的选择。

少数人如何改变多数人的看法？

关键词 少数人影响过程

多数人的看法,不一定永远行得通

一个团体的内部会自然分为和多数人意见一致的多数派，和持少数意见的少数派。一般情况下，多数派总能得到更多表达自己意见和发声的机会。但少数派的声音，在很多时候也会对多数派产生影响。这种情况被称作"少数人影响过程"。心理学教授莫斯科维斯曾举行"蓝绿范式实验"来研究少数派对多数派产生影响的具体过程。

实验分为数次进行，让6人小组观察36盏幻光灯发出的颜色，幻光灯均为蓝色。参加实验的6人小组里，2人是研究人员的卧底。每次都故意说幻光灯的颜色是绿色。然后作为对照，在另一组的实验中，让卧底故意说占总数三分之二的24盏幻光灯的颜色是绿色。

结果在卧底回答所有颜色是绿色的情况下，全体人员中占32%的4人至少有一次回答说看到的颜色是绿色。而只回答24盏是绿色的对照组中，卧底人员并没有对其他人的判断产生影响。

实验说明，如果少数人没有贯彻自己坚持的立场，那么不会对多数人的意见产生影响。

实际社会中，少数人如果试图影响多数人，还需要具备什么条件因素呢？首先，和多数派拥有更多的共同点是很重要的因素之一，多数派会自然地认为少数派是自己的朋友，大致立场是相同的，由此也更容易接受少数派的意见。此外，当多数派在寻求改革途径的时候，作为不断提供新思想的少数派，此时的意见是很容易作为参考被接纳的。长远来看，拥有少数派人群的团体，在进行集体决策时更能做出超前、新鲜、正确的判断。

第2章 组织与群体心理学

莫斯科维斯的"蓝绿范式实验"

试验方法

- 召集6人小组，让他们观察36盏亮度不同的幻光灯（幻光灯的颜色均为蓝色），询问他们看到的是什么颜色
- 6人小组中的2人是研究人员的卧底，故意回答是绿色

蓝色
绿色
卧底

实验结果表示，卧底回答所有幻光灯都是绿色的情况下，其他实验参与者中有4人（占全体的32%）至少曾回答过一次是绿色。而卧底只回答24盏灯（占全体三分之二）是绿色的情况下，其他4人并没有被卧底的回答所影响而做出错误的答案。**如果少数派试图影响多数派，那么贯彻自己的意见是非常重要的。**

多数与少数之间的区别

●多数派
- 维持现状、保守的
- 更容易控制团体
- 容易使人从众

●少数派
- 怪人、改革派
- 需要和多数派有更多的共通点才能寻求改革
- 影响团体内部的态度变化

一般情况下，**人们认为多数派是持有和周围人相同的保守意见的人群，而少数派则是持有革新、激进意见的人群**。想让多数派认同少数派的意见，需要在主张意见之外的角度（如日常生活中）和多数派有共同点，**让他们有认为少数派是朋友的意识也是非常重要的。**

为了避免团体迷思我们能做些什么?

在第50页,我们介绍了影响团体做出错误决定的因素"团体迷思"现象。提出这一论点的美国心理学家詹尼斯认为,可以通过以下6点避免团体迷思现象。

避免陷入团体迷思的6个策略
1. 领导者应该引导每一位成员对提出的意见进行批评性评价。
2. 领导者一开始不应该说出自己的见解或预期。
3. 鼓励每个群体成员和群体外可信任的专家交换意见。
4. 邀请外部专家加入议论。
5. 应该指定一位或多位成员充当反对者的角色,专门提出反对意见。
6. 领导者应保证有足够的时间,对外部的警告进行研究讨论。

特别是在集体决议的过程中,一定要避免出现因多数派的压力,使团体成员很难发表自己见解的情况。为了避免最后做出错误的决定,鼓励群体成员提出反对意见和合理怀疑,营造出能够畅所欲言的讨论氛围是重中之重。

第 3 章
职场心理学

他人在场对工作的进程有怎样的影响？

每个人对工作熟练度的不同，影响着工作效率

有他人在场的情况下，有些人的工作热情和效率会得到提升。发现这一现象的心理学家诺曼·特里维特举行了卷线的实验来研究这一现象。

卷线实验使用了钓鱼竿上卷鱼线的小道具，实验者让实验参与者卷一定长度的线，测试实验参与者独自卷线和两个人一起卷线时，哪边的效率更高。

结果表明，两个人一起卷线时的效率比一个人卷线时的效率更高，F.H.奥尔波特将这种现象命名为"社会促进"。

但并不是只要有他人在场，工作效率就能得到提高：比如，公司演讲的时候，有人会因他人在场的原因而紧张，无法顺利完成演讲。这种因为他人在场，而导致工作效率和质量下降的情况称为"社会抑制"。

社会促进和社会抑制现象是如何发生的呢？美国心理学家扎荣茨认为，个人对工作的熟练程度，决定了他受到的影响将是社会促进还是社会抑制。

个人对工作的熟练程度不同，会导致在工作中引发社会促进或是社会抑制的现象。以前文的公司演讲场景为例，如果是习惯演讲的A先生，在多人在场的情况下，也许能够发挥出更多的实力，更有效地表达自己的想法和计划。而如果是不习惯演讲的B先生，则会因为他人在场而感到紧张，无法顺利地完成演讲。如果要规避B先生发生的社会抑制，争取发生积极的社会促进的话，需要对不熟练的事情反复试验，积累工作中需要的知识。

关键词　社会促进、社会抑制

第3章 职场心理学

特里维特的卷线实验

特里维特将鱼竿上的渔线轮改造成卷线轮，让两个人单独卷线，之后一起共同卷线，对照两组卷线的速度。结果表明两个人一起卷线的效率，比单独卷线用时更短，效率更高。

● 怎么半天还是卷不完啊

怎么半天还是做不完啊。

● 感觉卷得很快啊

这工作很轻松嘛。

比起独自卷线，两人一起卷线的效率更高，这种因为他人在场提高效率的情况被称为"**社会促进**"。

个人对工作不熟练时，会引起社会抑制现象

习惯面对他人演讲的A先生，在公司会议中游刃有余地展示自己的想法和计划，而不习惯在人前演讲的B先生，面对多人在场的情况下容易紧张，无法顺利高效地展示自己的计划。而像B先生这样对工作不熟练导致社会抑制现象发生的情况有很多。

● 熟悉公司会议的A先生

顺利地完成了公司会议。

● 不熟悉公司会议的B先生

没能顺利完成。

不是只要有他人在场就能使工作效率提高，引发社会促进现象。像B先生这样对工作不熟悉，而导致工作效率降低的情况称为**社会抑制**。

参考他人的结果，更改自己的行动

从他人的行动结果中汲取经验

本书第 22 页介绍的阿尔波特·班杜拉使用塑料假人进行的模拟实验让我们了解到：人们对攻击性场景进行观察学习，会令人更倾向于采取攻击性的手段。

阿尔波特·班杜拉在这之后进行了模拟观察实验，让孩子们观看采取攻击行为的人受到奖励或是惩罚的录像，之后观察孩子们的举动，实验称为替代强化实验。"替代强化"实验旨在研究学习者看到他人成功、受奖励的行为时，是否会产生模仿同样行为的倾向，看到失败、受惩罚的行为时，是否会发生抑制这种行为的倾向。

被实验人均是 3～5 岁的儿童，孩子们被分成 A 到 D 四组。让 A 组的孩子观看进行攻击行为后获得奖励的录像，让 B 组的孩子观看进行攻击行为后反遭痛打的录像，让 C 组孩子观看两个大人关系很好，一起玩耍的录像，什么都不给 D 组看。

之后带孩子们去放有很多玩具的活动室，观察记录孩子们的举动。

结果观看了进行攻击行为后获得奖励场景的 A 组孩子，比起没有观看攻击场景的 C 组和 D 组孩子表现出了更多的攻击行为，而观看了进行攻击行为后反遭痛打录像的 B 组孩子，表现出的攻击行为较少。

也就是说，人在通过观察学习的方式学会攻击行为时，会更容易采取攻击行动。但如果认知到攻击他人的行动有可能为自己带来伤害或是惩罚的情况下，抑制攻击行为的可能性会变高。

关键词 替代强化

第3章 职场心理学

班杜拉团队进行的攻击行为替代强化实验

实验将3~5岁的孩子们从A到D分为四组，给孩子们分别播放采取攻击行为的人受到奖励或是惩罚的录像。之后带孩子们到放有玩具的房间，观察孩子们是否会模仿录像的内容产生攻击行为。

A组 让孩子们观看大人攻击对方后获得报酬的录像

B组 让孩子们观看大人攻击对方后反遭痛打的录像

C组 让孩子们观看两个大人友好相处，一起玩耍的录像

D组 什么都不看

实验结果

观看了攻击对方后获得奖励的A组孩子比其他组的孩子发生了更多次的攻击行为，而观看了攻击对方后被痛打的录像的B组孩子，虽然也发生了攻击行为，但少于A组孩子。

●对模型实行的赏罚和攻击行动模型

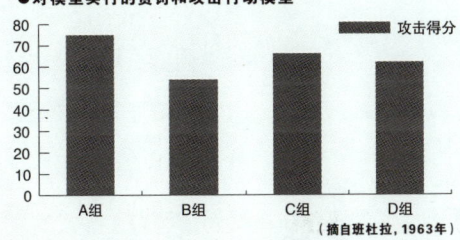

（摘自班杜拉，1963年）

观看了大人攻击对方后反遭痛打的录像的孩子们的**攻击行为较少**，这是因为观看了他人的结果后，发生了对行为进行促进或是抑制的**"替代强化"**现象。

人期望保持自己行为的一贯性

当人阶段性地接受条件时,会出现想要保持行为一贯的想法

相信大家在商店中都有过这种经历,一开始听销售员说:"请您简单了解一下就好。"本来打算三两下就拒绝,结果听着听着,不知道为什么就买下了商品。

像这样一开始对方只提出很容易答应的小要求,之后一步步提高要求,试图达成原本目标的手法被称为"登门槛效应"。针对这一现象,斯坦福大学心理学家弗雷泽和弗里德曼以家庭为单位进行了社会实验。

实验人员以"交通安全市民会"成员的身份走访了一片住宅区,询问居民们是否愿意把写有"注意安全行驶"的告示牌摆放在自家的院子前。当实验人员直接提出需求时,答应实验人员摆放告示牌的住户只占17.6%,而在两周前曾答应了实验人员其他小要求的家庭中愿意摆放告示牌的住户则占总数的最大比例为76%。

实验人员在两周前,以其他团体的名义对住户们提了4种不同的小请求:第一种是请住户们在车上或是窗户上,贴上印有"安全行驶"字样的10英寸大小贴纸。第二种是请住户们贴上呼吁美化社区的贴纸。第三种是请住户们署名请求立法交通安全的请愿书。第四种是请住户们署名请求立法社区美化的请愿书。接受了第一种小请求的住户中,愿意摆放告示牌的比例为76%,接受其他小请求的住户中,愿意摆放告示牌的比例为47%。之前接受过小请求的人会期望自己的行为保持一贯性。"自己觉得是好的事情,就应该继续下去"的心理活动,也让答应摆放告示牌的比例增高。像这样试图保持行为一贯的心理活动,被称为"一贯性需求"。

关键词 登门槛效应

第3章 职场心理学

登门槛效应

实验人员以交通安全市民会成员的身份走访了位于加利福尼亚州的某住宅区，并请求住宅区的居民们在玄关前的院子内摆放"注意安全行驶"的告示牌。

此外，实验人员在两周前曾以其他身份，请求住户们帮他们做类似于贴贴纸、在请愿书上签名之类的小事。

请摆放告示牌吧。

怎么办啊？

较大的请求

直接要求摆放告示板

如果是没有在两周前曾被请求帮助完成小事的住户，愿意摆放告示牌的概率只有16.7%，多数人直接拒绝了请求。

答应摆放告示牌的概率
16.7%

请求之前答应贴贴纸的人们摆放告示牌

曾帮忙粘贴印有"安全行驶"贴纸的很多人也愿意摆放告示牌。两个请求的类似度越高，答应的概率越高。

贴上"安全行驶"贴纸的住户答应摆放告示牌的概率
76.0%

贴上呼吁美化社区贴纸的住户答应摆放告示牌的概率
47.6%

请求之前答应署名请愿书的人们摆放告示牌

署名内容和告示牌之间没有相似性的情况下，曾署名请愿书的人群中愿意摆放告示牌的住户比例约有47%。之前帮忙粘贴"美化社区"贴纸的人群中，愿意摆放告示牌的住户比例差不多也是如此。

署名了请求立法安全行驶请愿书的住户
47.8%

署名了请求立法美化社区请愿书的住户
47.4%

（摘自弗雷泽和弗里德曼，1966年）

之前接受过小请求的人，会形成"自己觉得是好的事情，就应该继续下去"的心理活动，期望自己的行为保持一贯性的想法，也容易让人愿意摆放告示牌。

摆在这里也可以的。

已经贴了贴纸了，放告示板也可以的。

追求前后行为一贯性的心理活动，被称作"**一贯性需求**"。像实验中出现的之前通过一个简单的请求，提高原目标成功可能性的方法，被称为"**登门槛效应**"。

人因他人的评价改变自己的想法或行动

关键词　操作性条件反射

他人的肯定或否定会影响自己的言行

我们在生活的各种场合中总是免不了被别人评价，而在别人的各种评价中最常见且最具有代表性的一定是"肯定"和"否定"。无论是和自己看法一致、立场相同的肯定评价，还是和自己的看法相反的否定评价，都会影响到自己原本的态度。如果自己的想法被他人所肯定，那么一个人会对自己的想法更加抱有信心，并且在之后也更倾向于坚持自己的想法。可如果自己的想法被其他人否定，很多人就会开始质疑自己的想法，在之后也容易改变自己的想法。引起这种态度上变化的心理活动，被称为操作性条件反射。

操作性条件反射不仅只在被肯定或是被否定时出现，在被他人表扬时（被"奖励"）和被他人批评时（被"惩罚"）的时候，也会出现操作性条件反射现象。

比如，员工因为工作表现出色被上司表扬时，员工会表现出十足的干劲和积极性，让之后的工作能够以更高的效率完成。相反如果员工因为工作做得不好被上司责骂，员工会开始端正自己的态度，思考应该怎样更好地完成工作，才不会被责骂，开始摸索新的方法以求更好地完成工作。虽然在刚受到批评的时候，员工对工作的积极性会减少，但是之后对员工的批评会转化为高效工作的动力。

如果周围有人正烦恼"对工作没有动力"或是"想回到正确的轨道上"，那么一边思考操作性条件反射带给人们态度上的转变，一边善用"奖励"和"惩罚"的办法，或许能让这个人的工作效率产生大幅度的提升。

第3章 职场心理学

操作性条件反射的例子

我觉得这个商品应该能很畅销,你们怎么想?

当他人肯定自己想法的时候,一个人觉得:"我就说没错吧。"当他人否定自己想法的时候,一个人会觉得:"是不是我搞错了啊?"使人的态度产生如此巨大变化的原因正是操作性条件反射。

我觉得可以。

我觉得不行。

如果自己的想法被肯定,会更加肯定对自己想法的信心,并且在之后也更倾向于坚持自己的想法或意见。

如果自己的想法被反对,会开始质疑自己的想法,并且在之后也更倾向于改变自己的看法或意见。

奖励和惩罚引起的态度变化

被人表扬时得到的心理奖励和被人训斥时得到的心理惩罚会引发操作性条件反射,如果能合理利用这一现象会使人更有干劲,让人开始思考如何走出困境,找到新的方向。

被他人表扬,感受到心理奖励
· 被认可 · 被表扬

被他人批评,感受到心理惩罚
· 被否定 · 被批评

不会有态度上的变化。对工作的积极性会增长。

端正自己的态度。开始摸索新的方式。

如果被他人肯定,之后在同样的情况下会更容易采取相似的行动。而如果被他人否定,之后在同样的情况下会尽量避免采取同样的行动。这种因他人评价而使一个人态度发生改变的心理活动,被称为操作性条件反射。

提高生产力的关键是工作环境，更是人际关系

关键词 霍桑实验

员工的职场关系会直接影响工作

在主流意见认为影响员工效率的是工作环境的灯光亮度、员工的休息时间等物理性客观因素的时候，美国心理学家梅奥针对这一看法，从1924年开始，在芝加哥郊外的西方电器公司霍桑工厂内，进行了室内照明度的对比实验：实验将人们分成两组，一组的工作环境亮度维持不变，同时逐渐提高另一组的工作环境亮度。

实验结果发现，改变照明亮度对生产效率没有产生影响。两组员工的效率均呈现出增长的趋势，且在照明度减弱的情况下，两组员工的效率也都维持了增长。

单独选出5名员工，让他们在独立操作间内站立完成组装继电器的工作。之后研究人员优化了操作间内的温度和湿度，调整员工的工作和休息时间，此时员工呈现出效率增长的状态，而让他们回归到原本的工作环境中，他们的效率依然维持在增长的状态。实际上在实验开始之前，研究人员为了让员工保持稳定的心理状态曾和员工们面谈，询问他们有什么愿望，并调整了物理劳动环境之外的条件。于是作为实验参与者的员工们之间发生了某种特殊的心理变化，让他们在回到原本的工作环境下，也能维持高生产率。像这样因为观察者的原因，让实验参与者的行为产生变化的，称为霍桑效应。

以两万名员工为对象进行的面谈实验发现，员工的来历和对职场中人际关系的满意度，会直接影响员工的工作意愿。此外，在以14名员工为团体进行的"绕线观察实验"的结果，显示出在公司内自然形成的非正式性团体或规范，更能对工作效率产生影响。霍桑实验说明了比起改善工作条件的环境，着眼于员工所处的职场人际关系更为重要。

第3章 职场心理学

霍桑实验（1）

霍桑实验中的照明试验（1924～1927年）和继电器装配试室实验本身是为了检验物理客观环境（照明亮度、室内温度、休息时间）是否会对生产效率产生影响，但是无论哪组的实验结果都证实了生产效率和客观环境没有关系，生产效率都增长了。

●继电器装配试验室实验

单独选出5名员工，让他们在独立的操作间内站立组装继电器。研究人员对他们的操作间和工作环境做了以下的调整，观察客观条件的改变会如何影响生产效率。

生产条件的变更内容
- 改变操作间的温度和湿度
- 改变工作日数、休息次数和时间
- 休息中提供食物和饮料等

虽然劳动环境发生了改变，但是生产效率维持增长。甚至让生产环境回到原来的情况下，员工的生产效率也没有急速下降，而是维持在高效率的状态。

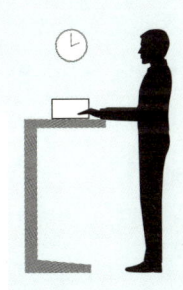

●照明试验

对照工作环境的照明亮度。在维持一致亮度的状态和逐渐提高照明度的两个环境下，哪种环境下的工作效率更高，得出实验结果后再和较为黑暗的环境下进行对比，观察生产效率的变化。

■保持一定照明亮度的情况下
⇒生产效率提高

■逐渐提高照明亮度
⇒生产效率提高

之后

在生产效率提高后，将照明调暗
⇒生产效率维持

霍桑实验（2）

梅奥的实验小组，基于之前实验的结果，提出了"影响生产效率的，不是客观环境原因，而是围绕员工的人际关系，和员工的个人感情"的假设。此后在1928～1930年，进行了面谈实验。在1931～1932年，进行了绕线观察实验。

●绕线观察实验

选出14名员工作为一组，进行电话交换机配电盘的组装工作，之后观察团体内的人际关系的架构和小团体的成立，会对团体内的个体产生怎样的影响。

正式的团体和规范
上司和不下的关系等

非正式的（小团体）的关系和规范
伙伴之间形成的小团体

实验结果表示，比起正式的团体和规范，员工之间自然形成的非正式的小团体和规范更能影响员工的工作效率。

●面谈实验

对占工厂员工总人数一半的两万名员工进行面谈，倾听员工们的苦衷和遭遇的不公。

员工在职场中的工作热情和员工过去的家庭和社会来历，在职场中和上司、同事是否相处融洽，有着很大的关系。

以前人们认为物理客观环境（照明亮度、室内温度、休息时间）和工作效率有直接关系。但霍桑实验则证实了，比起工作的环境，更应注重员工之间的人际关系产生的影响。此外实验参与者在实验过程中因感受到研究人员对自己的期望，从而改变了自身行动的情况，称为霍桑效应。

给予报酬反而会降低人的干劲？

关键词 侵蚀效应

报酬或惩罚令人失去好奇心

相信大家都听说过"激励",就是通过设计一定的奖酬形式使人高效率进行某事的一种措施。很多企业和单位为了调动员工的积极性、提高员工的效率,推出了不少激励政策来激励员工。

而动力本身也可以分为,对事情和工作感到愉悦的自发性内在动机,和为了金钱报酬或是为了逃避惩罚等其他动力推动的外在动机两种。特别的是内在动机的特点:如果自己对事情没有兴趣,就无法工作,且因为内在动机驱动的人往往不会因外界的因素而改变,但需要注意的是,当人正因为自己感兴趣、出于内在动机工作时,如果此时给予此人外部的报酬或是奖励,即使报酬丰厚,也会让人失去工作的内在动机和失去对工作的热情,这种现象被称为侵蚀效应。

美国斯坦福大学心理学教授马克·莱珀为了解释此现象做了一个实验:他将喜欢绘画的孩子们分为A、B、C三组,对A组的孩子说:"画得好的孩子会得到奖状。"之后给所有画画的孩子都发了奖状。对B组的孩子在之前什么都没有说,但是最后给所有画画的孩子都发了奖状。C组的孩子和B组的孩子一样,在之前什么都没有说,但在之后也没有给他们奖状。实验开始一周后,比较孩子们利用自由时间画画的时长分别是多少。结果发现,A组的孩子相比较其他组的孩子画画的时间大幅缩短。出现这一现象的原因被认为是奖状作为外来的奖励,打消了让孩子们坚持画画的内在动机。

第3章 职场心理学

由内在动机引发的行动和由外在动机引发的行动

运动真有趣呀。

赢了比赛就能拿奖金了。

由内在动机引发的行动
因为"运动使我感到愉快"等对事物本身有兴趣、感到好奇，或是因为对事物本身抱有兴趣而采取行动。

由外在动机引发的行动
比如"赢了就可以拿到奖金"之类的因为报酬或是为了逃避惩罚而采取行动。

由奖励引起的侵蚀效应现象实验

把喜欢画画的孩子分成A、B、C三组，分成画画可以得到奖励、画画不能得到奖励两种模式进行试验。之后观察孩子们在业余活动中画画的时间，判断孩子们画画的动力是否发生了改变。

我喜欢画画。

A组
被告知"画得好的孩子会得到奖励"，之后给所有画画的孩子都发了奖励。

B组
之前什么都没有说，但是给所有画画的孩子发了奖励。

C组
在之前什么都没有说，之后也没有给他们奖励。

实验结果
知道奖励存在的A组孩子们在业余的时间里，选择画画的时间大幅缩短。因为他们知道就算努力画画也得不到奖励。

A组的孩子：反正都有奖励，画成什么样子都一样。

喜欢画画的这一内在动机，变成了画画可以得到奖励这一外在动机。

像A组孩子一样，因为奖励或是惩罚的外在动机的原因，对事物本身失去了兴趣、失去了干劲的现象，被称作侵蚀效应。

无凭无据的预言为何会实现？

关键词 自我实现预言，皮格马利翁效应

因为相信预言人的行动而使预言成为现实

乍一听"实现预言"这句话，就会让人不自觉地感觉是一个充满了困难的过程。但是只要仔细分析下预言的实现过程，就会发现在我们的日常中经常会发生这种事情。那么让我们看看从预言到实现的每一个环节吧。

比如，试图让某家餐馆倒闭的人，在外面散布流言说："那家店一定是做了什么坏事，正在被税务局调查。"于是听信了流言的人真的以为店家做了什么坏事，开始不去那家店了。如此一来，那家店真的因为没人光顾而关门大吉，让店倒闭的预言得以实现。相信情报的人采取的行动让预言或是期待成真的事情实现，这一行为被称为自我实现预言。

美国心理学家罗森格尔，针对这一现象活动在教育领域进行了一次实验：他对某小学1～6年级的学生进行了智力测验，之后随机选出一些学生，对他们的老师说："这些孩子的智力很高，以后成绩一定能大幅增长。"半年后再进行智力测试，结果表明随机选择出的孩子们在成绩上均有显著的增长。

这是因为在上课时，教师对认为智商更好的孩子们的态度发生了转变，在课堂上和孩子们有了更多的互动。而孩子们也认为老师对自己的态度转变是对自己有了更多的期待，因此，孩子们更加努力地学习，努力提高成绩来回报老师。像这样为了不辜负他人的期待努力实现目标的情况，称为皮格马利翁效应。

第3章 职场心理学

自我实现预言的过程

①散布错误的预言或是谣言

那家店一定是干了什么见不得人的事情,应该搞倒它。

那家店最近正在被税务局调查呢。

抱着"想弄倒那家店"的想法和期待,散布"那家店做了坏事"的无凭无据的谣言。

②对谣言或是错误预言做出回应的人们

那家店还是别去了。

听信了谣言的大众对真实性不加思考,决定不去那家店消费了。

③预言实现,店真的倒闭了

为什么没人来店里了?

本身合法经营的店因为谣言散布的原因无法正常经营而破产。在第一步造谣的人实现了自己的预言,自我实现预言成立。

皮格马利翁效应

心理学家罗森格尔对某学校的孩子们进行了智力测验,之后随机选出一些孩子,对他们的老师说"这些孩子们的智力很高,以后成绩一定能大幅增长。在半年后进行的智力测试中,这些孩子比其他孩子在成绩上有了明显的增长。

老师这么努力地教我们,一定要好好学。

这些孩子将来的成绩会有大幅度的增长,真是期待啊。

老师对选出的孩子抱有更多的期待,以更加认真、热情的态度努力授课。而孩子们为了回应老师的期待,更加认真和努力地学习。

被教师期待的孩子们的智商显著地增长了,且低年级的孩子们的增长更明显。

●从1年级到6年级学生的IQ增长图

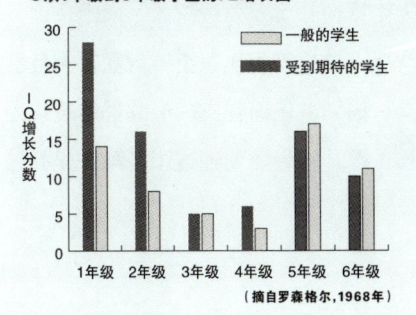

一般的学生
受到期待的学生

IQ增长分数

年级	一般的学生	受到期待的学生
1年级	14	28
2年级	16	8
3年级	5	5
4年级	6	3
5年级	16	17
6年级	10	11

(摘自罗森格尔,1968年)

像老师和学生这样,为了不辜负他人的期待努力实现目标的情况,称为皮格马利翁效应。

人会在不经意中歧视他人？

偏见的逐渐加深成为了歧视

从古至今，很多人都因为"性别歧视"或"人种歧视"等大大小小的歧视而痛苦，但究其原因，到底为什么会发生歧视呢？这和非预期后果定律有着很深的联系。所谓非预期后果定律，是指个体行动不断累计，最后产生了一些非故意结果。

比如，我们只是为了养家糊口而努力工作，但是却活跃了全社会的经济。虽然我们不认为能给社会的经济带来贡献，但在我们的日常行为中却达成这一结果。

而在最初，人也并非是从一开始便有歧视他人的想法。第一次世界大战后美国对黑人的排斥，一开始仅仅是工会对南部的黑人持有"他们爱罢工"的偏见开始的。工会为了保障自己开始排斥黑人。黑人无法通过工会找到正规工作，只能被缺乏劳动力的老板廉价雇用，导致黑人只能走上街头，罢工抗议。而结果是工会则直接认为"黑人是爱罢工的人种"，从此开始了对黑人的种族歧视。

在职场中，对女性的轻视也同样始于偏见，公司想要招聘能长期在公司工作的员工，对自己公司以外的辞职率进行了调查。结果发现女性的辞职率高于男性，结果公司为了自己的利益，把女性员工安排在并非重要岗位的一般岗位上，轻视女性员工。这种情况也只是因为辞职率上的数字，就有了"女性爱辞职"的这一偏见，从而在招聘环节开始歧视女性。这样的歧视和轻视，都是因为偏见经过了各种各样的过程被加强，最后发展成了歧视。

关键词　非预期后果定律

非预期后果定律的例子

人为了生存下去从事商品的生产和销售。

每个人追求利益的行为不断重叠、附加，结果促进了社会经济的增长。

每个人努力工作的本意是为了能够生活下去，但在结果上却创造出社会整体的财富，像这样个人的行为经过叠加和累计后，带来了预想之外后果的现象，被称为非预期后果定律。

无意间的歧视是如何形成的

● 第一次世界大战后美国歧视黑人的例子

工会持有"出身南部农村的黑人会罢工"的偏见。

⬇

黑人们被工会排斥。

⬇

黑人无法通过工会找到正式工作，只能从缺少劳动力的老板那里做临时工，因此引起罢工。

⬇

工会见状，更加确定了"果然黑人就是爱罢工，不能让他们进工会"的想法，从此歧视黑人。

⬇

工会持有的"黑人爱罢工"的偏见，经过了几次的强化和升级，最后造成了歧视黑人的结果。

● 轻视职场女性的例子

公司希望雇佣能够长期工作，不会中途辞职的员工。

⬇

仅凭面试和资料审核，无法判断这名员工是否会中途辞职，于是公司对以往的辞职率进行了调查，发现女性员工比男性员工辞职的人更多。

⬇

认为比起男性，女性更容易辞职。

⬇

企业为了追求利益最大化，刻意将女性员工集中安排在非重要的一般岗位上。

⬇

人事虽然没有对女性有偏见，但是在客观的结果上造成了轻视女性的事实。

人持有的偏见会经过各种步骤和阶段被强化，最后演变成对人的歧视，虽然在主观上没有歧视他人或者对他人抱有偏见的想法，但在追求利益的过程中对他人造成了客观事实上的歧视的情况是存在的。

真正优秀的领导者是怎样的？

关键词：领导力PM理论

优秀的领导者,能进行团队的自我变革,带领大家实现目标

一个组织最不可或缺的就是领导力，而领导力本身也分为几个不同的种类。虽然本质上都是带领团队，但是不同的领导力给予团队的影响是有很大差异的。如果想要成为率领众人的领导，就快来了解一下不同的领导力，分清楚自己属于哪种类型吧。

第一种类型是"沟通型领导力"，是指擅长管理团队中的人际关系，为了达成目标能够凝聚众人的力量，带领团队前进下去的能力。

根据日本心理学家三隅二不二提出的 PM 理论注：PM 理论认为任何一个团体都具有两种机能，团体目标达成机能 P（Performance）和团体维持机能 M（Maintenance），领导力可以分为 4 种：拥有达成目标能力和维持团队能力 PM 型，达成目标能力突出的 Pm 型，维持团队能力突出的 pM 型，以及两个能力都不突出的 pm 型。沟通性领导力则是特指同时具有达成目标能力和维持团队能力的 PM 型。

第二种类型是"变革型领导力"，是指在不断变化的社会环境中，能够正确预估适应未来的形态，带领团队进行自我变革的同时，提出长期性发展目标。之后明确地指出为了达成目标所需要的步骤，促使自己率领的团队进行从上到下的内部变革，能够带领团队进行变革的人会非常受人瞩目。

第三种类型是"全方位领导力"，是指同时拥有较流行领导力和变革型领导力的人，提出这一观点的是美国领导力研究学者布鲁斯·阿沃利奥。

三种不同的领导力

沟通型领导力（transactional leadership）

重视团体人间的际关系，能够团结众人的力量朝着一致的目标努力

对伙伴们有温柔的关怀和亲切的态度

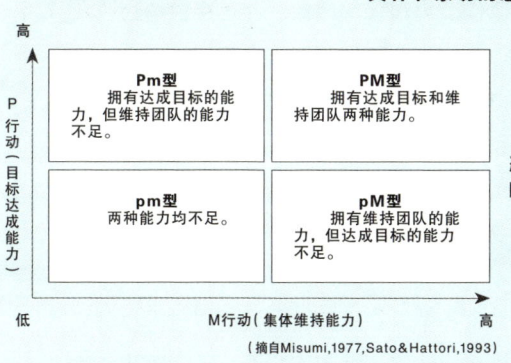

●沟通型领导力对应PM型

	M行动（集体维持能力）	
Pm型 拥有达成目标的能力，但维持团队的能力不足。		**PM型** 拥有达成目标和维持团队两种能力。
pm型 两种能力均不足。		**pM型** 拥有维持团队的能力，但达成目标的能力不足。

P行动（目标达成能力）：低←→高
M行动（集体维持能力）：低←→高

（摘自Misumi,1977,Sato＆Hattori,1993）

为了达成目标，态度有时严格，有时宽容。

变革型领导力（transformational leadership）

能够推动团队成员革新，具有提出长期性目标的能力，能够明确达成目标所需要的步骤，能够从自己开始带领团队进行变革的领导力。

全方位领导力（full-range leadership）

善于调节人际关系，具有为了达成目标而团结众人的能力的沟通型领导力，和能够预测团队当下和未来的变化，带领团队转型改革的变革型领导力两种能力的人。

领导力的类型分为，团结团队，使大家朝目标共同努力的**沟通型**，能够带领团队，促进团队自我变革的**变革型**和同时拥有双方能力的**全方位型**。沟通性领导力，则是特指PM理论中的**PM型**。

第一印象真的能决定一切吗?

对于商务人士而言,给人的第一印象是非常重要的。能不能给初次见面的对方留下自己工作能力很强的印象,会直接影响到对方对自己日后的评价和看法。为什么会如此呢?是因为当一个人开始认为"对方就是这样的人"的时候,在之后打交道的过程中,会无意间开始选择只关注支持自己想法的部分。

如果一个人在一开始能让对方觉得自己工作能力强,给予对方好印象的话,对方会更容易注意到自己报告书写的详细,对客户的关心很到位等正面的信息。如此一来,对方会自然而然地认为这个人的工作能力很强。反之如果一个人在一开始就让对方觉得自己工作能力不强,那么对方会更容易注意到他字不好看、不守时等负面的信息,从而认为这个人的工作能力不强。

恋爱中也是一样,你认为任性且态度自傲的女性,在喜欢她的人眼里看来则是性格直爽,拥有个性的女生。这也是因为大家只在对方的诸多特点中,仅仅着重关注了支持自己想法的部分。这种无意识中进行的选择,会使人认为自己的看法才是对的。

第4章

个人和社会关系心理学

人倾向于认同自己的想法是普遍看法

关键词：虚假普遍性、广告牌实验

他人和自己处于相同的环境中时，人们更倾向于认为别人会和自己采取相同的行动

人们下意识中会认为自己的想法是普遍且适当的，虽然有时自己所持的想法是错误的，但是人们仍旧会觉得："我的想法没错，换做是他人也会那么做的。"以此试图将自己错误的想法正当化，像这样认为自己的想法或行动是普遍做法的现象，称作"虚假普遍性效应"。

虚假普遍性效应，是指在和自己拥有相同的价值观或是经验的人合作时，期望自己的选择被重视和被认同的心理活动，认为自己做出的行动是因为客观环境所引发，如果换做其他人也会采取和自己相同行动的想法，以及自己的判断不会出错的想法等数个想法所构成的心理活动。

美国心理学家罗斯的团队提出，虚假普遍性效应会在现实生活中需要做出选择的时候发生，为此他进行了一个广告牌实验：他询问学生们是否愿意在胸前和背后悬挂上广告牌在校内宣传，得到了一个学生的答案之后询问其他学生，再让该名学生猜测其他学生是否会同意。

在该名学生自己同意的情况下，他会认为其他学生也会同意，相反，如果该名学生自己不愿意时，会认为其他的学生也不愿意。这一结果证明了，当人们面临选择时所参考的条件并非只是爱好和意见等因素，虚假普遍性效应同样起了作用。

虚假普遍性效应

比起荞麦面，我还是更喜欢乌冬面，我觉得大家也一定更喜欢乌冬面。

错误共识效应，是指人倾向于认为自己的想法是普遍主流，且在同样的情况下，认为他人也会做出和自己相同行动的心理现象。

● **为什么认为自己的想法是主流的？**

1
人倾向于和自己拥有相同价值观、兴趣、经验的人共事。

2
人重视自己的选择，且希望他人认同自己的选择。

3
人容易认为自己的行为是因为客观原因引起，认为在同样的情况下，他人也会采取相同的行动。

4
人倾向于认为自己是有价值的人，且为了维持这一观点，不愿承认自己的选择有错。

因为上面的各种观点，人会认为自己的思考和行为是普遍、主流的，其他人也应该和自己持同样的想法。

广告牌实验

询问大学生们是否愿意在自己的胸前和后背悬挂广告牌，在校内宣传。当学生同意或拒绝时，让该名学生猜测其他学生会如何选择。

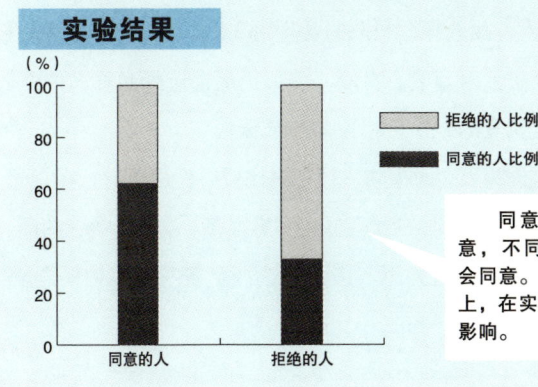

实验结果

（拒绝的人比例／同意的人比例）

同意的学生认为其他学生也会同意，不同意的学生会认为其他学生也不会同意。证明了虚假普遍性不只是在想法上，在实际的生活中也会对人的行动产生影响。

人做出的判断未必全部理性

人在面临诱饵的时候会做出不合理的判断

经济学认为,"人做出的判断都是理性的",但是在对人的行为进行具体观察后,我们发现实际上人做出的判断有时并不理性。

证明这一看法的实验中,最有名的一项是美国心理学及行为经济学教授丹·艾瑞里的诱饵效应实验:实验分别对 100 名大学生进行询问,调查他们会选择哪一款杂志的订阅套餐。

套餐一:网页版包年套餐:59 美元。

套餐二:印刷版包年套餐:125 美元。

套餐三:网页版+印刷版包年套餐:125 美元。

结果,选择套餐一的学生有 16 人,没有人选择套餐二,选择套餐三的学生有 84 人,套餐三的数量呈现出压倒性的优势。这是因为套餐二的价格和套餐三相同,但是套餐三多了网页版,因此没有理由选择只有印刷版的套餐二。对这点出版社自然是心知肚明,套餐二的存在正是诱惑大家选择套餐三的诱饵。

而取消掉套餐二再次进行调查,结果选择套餐一的学生增至 68 人,而选择套餐三的学生为 32 人,和上次的结果完全不同。虽然对套餐三有刚需的人仍然会选择套餐三,可是为何两次调查的结果会相差如此悬殊?

这是因为人会对事物进行相对比较后作出选择,在有套餐二的情况下,套餐三就会显得实惠很多。没有套餐二的话,套餐三看起来也就并不实惠了,选择套餐三的人数便急剧下降。

关键词 诱饵效应

丹·艾瑞里的诱饵效应实验

实验调查了100名大学生,观察他们会选择哪一款杂志的订阅套餐,订阅套餐里的套餐二是为了让套餐三看起来更实惠的诱饵。

如果假设人能做出合理选择的话,那么不管有没有套餐二的存在,人都会做出一样的选择。但实际结果是诱饵效应会在很大程度上左右人的选择。

● 询问100名大学生会如何选择套餐

感觉套餐三很优惠。

条件一　在有套餐二(诱饵)的情况下

① 网页版包年套餐 ………………………… 59美元
　　　　　　　　　　　　　　　　　（➡16人）
② 印刷版包年套餐 ………………………… 125美元
　　　　　　　　　　　　　　　　　（➡0人）
③ 网页版+印刷版包年套餐: ……………… 125美元
　　　　　　　　　　　　　　　　　（➡84人）

选择套餐三的人呈现出压倒性优势

内容一样的话,还是便宜的套餐一比较好。

条件二　没有套餐二(诱饵)的情况下

① 网页版包年套餐 ………………………… 59美元
　　　　　　　　　　　　　　　　　（➡68人）
③ 网页版+印刷版包年套餐 ……………… 125美元
　　　　　　　　　　　　　　　　　（➡32人）

和条件一的情况完全不同,选择套餐一的人数激增!

决策的机制是什么？

解决问题的办法有对信息进行排列逐一参考解决，和只参考最少量的信息解决两种

人在面临选择时，有花费时间搜寻相关的信息后经过精密的分析，找出最好的选择的方法，和根据最少的信息进行判断，尽快做出选择的方法两种情况。前者的解决方法被称为"演算法"，后者的解决方法被称为"启发法"。

以我们的日常生活中会出现的情况举例：在我们想换手机的时候，采取演算法的人会实际试用各种款式的手机，对使用感受、价格等因素进行慎重的参考后决定买哪款。这样可以保证做出的选择是最适合自己需求的，但相应的也要花费一定的人力成本和时间。而采取启发法的人则会以某一点作为考量（比如说目前最畅销的手机），选择购买的机型。虽然这样做出的选择未必是最合适自己的，但是却可以在付出较少的时间和人力成本的情况下，做出正确率相对高的选择。

启发法还可具体分为"代表性启发法""易得性启发法"等不同的情况。

代表性启发法是抓住选项中最具有代表性或典型特征的方法，以换手机为例：从"最畅销"的这一选项中，抓住"最受年轻人欢迎"的这一信息，根据这一信息购买手机。而易得性启发法是从多数选项中，优先选出自己最容易想起来的关键点。比如在选手机的时候，突然想起自己曾在某杂志上看过手机的畅销排行榜中A款手机最畅销，因此购买A款手机。

关键词：启发法

第4章　个人和社会关系心理学

两种做出决策的方法

第一种方法 演算法
花费时间找出最适合自己的方法。

第二种方法 启发法
参考有限的信息，快速做出选择的方法。

决策的流程

想买新的手机

实际上手各种不同型号的手机，从使用感受和价位等众多因素中，选出最适合自己的一款。

以"最畅销的手机"为参考，快速做出选择。

这样可以通过实际上手体验的方式感受性能和舒适度，以此找出最适合自己的款式。但手机的款式种类十分丰富，因此想要找出适合自己的手机需要花费不少时间。

虽然无法保证自己做出的选择是最好的，但可以在较短的时间内做出正确率相对高的选择。
启发法还可以具体分为"代表性启发法""易得性启发法"等。

● 依据状态灵机应变的启发法

代表性启发法
在选项中，选择最具有代表性和典型特征的方法。
选项：最受欢迎的手机
选择中最具有代表性的特征：年轻人用的手机
⇒从受欢迎的手机中，抓住年轻人用的手机这一特征，之后购买了A品牌的手机。

易得性启发法
在比较多数的选择是，优先选择容易想起的要素进行考量的办法。
⇒在杂志上曾看过目前手机的畅销榜上A品牌占领榜首，之后在购买手机的时候突然想到目前最受欢迎的手机是A品牌，于是购入A品牌的手机。

在面临决策时，分别有花时间去进行具体实践后找出正确选择的"演算法"方法。和使用少量的信息进行判断，尽快做出决定的"启发法"两种方法。启发法还可以分为，选择在选项中最具代表特征的"代表性启发法"；在比较多数选项时，选择最先想起某因素的"易得性启发法"。

他人行动的原因在于行为人自己？

关键词 内部归因，外部归因，基本归因谬误

人在分析他人的行为动机时会倾向于从行为人的内因部分寻找动机

当人在看到新闻中报道的犯罪事件时会揣测犯罪人的动机，推测的过程称为"归因过程"。而归因可分为内部归因和外部归因两种，他们在思考方式的倾向中，有很大的不同。

在倾向内部归因的时候，人们会认为"犯人有暴力倾向"，以行为人本人（加害者）的性格问题（内部因素）为前提进行推测，相反的，在外部归因的时候，会认为是"对方做了什么事"，认为造成错误的原因在于他人（被害者）或是环境因素。此外，当人在推测他人的行为原因时，会容易忽视外因，重视内因。因此，容易得出"原因在犯人"的结论，这种思考上的偏差被称为"基本归因谬误"。

为了研究人是否真的有重视内因的倾向，爱德华·琼斯和维克多·哈里斯进行了实验：他们将学生分为两组，让他们在考试中论述对古巴卡斯特罗政权的态度是支持还是反对。A组的学生可以自由表达自己的观点，而B组的学生在之前已经被授意在考试中写支持或是反对的观点。之后告诉一半的实验参与者学生们写出的文章是他们的本意，告诉另一半实验参与者学生们写的文章是经过人为授意的，让实验参与者阅读学生们的文章后，推测学生的意图。

结果无论学生写出的文章是否出自本意，在文章中表达出支持卡斯特罗政权的多数学生，都被认为是卡斯特罗政权的支持者，发生了基本归因谬误。

推测他人的行动时

● **归因**
思考是什么原因促使他人采取这一行动

为什么会犯罪呢?

● **内部归因**
是本人(加害者)的性格因素等内因因素引起的行动

犯人是不是有暴力倾向?

● **外部归因**
认为是他人(被害者)或是客观的环境原因引起的行动。

是不是对方的态度太糟糕了?

基本归因谬误, 实际情况是人在推测他人的行为动机时,会着重考量内因因素而轻视外因因素,因此容易得出"犯罪的原因是犯罪者的问题"的结论。

推测他人行动的行为称为"归因",原因归属分为对行为人性格等内因因素进行考量的"内部归因",和对行为人之外的他人、环境因素进行考量的"外部归因",在原因归属的过程中,人会着重考量内因因素而轻视外因因素,这一现象被称为"基本归因谬误"。

卡斯特罗政权的论述实验

小组A的学生
可以根据自己真实的想法表达对卡斯特罗政权是支持还是反对(自由选择条件)

小组B的学生
教师事前授意学生写对卡斯特罗政权支持或是不支持的内容。(指定条件)

实验参与者
让半数的实验参与者认为文章表达的是作者的真实想法,让另外一半的人认为是提前安排了文章该怎么写。

● **推测学生对卡斯特罗政权意见的图表**

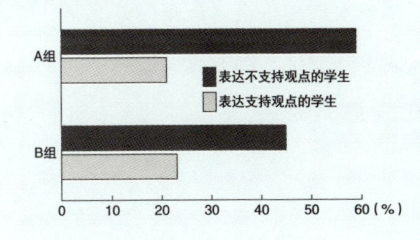

（A组、B组条形图，横轴 0–60(%)，含"表达不支持观点的学生"与"表达支持观点的学生"两类）

最终实验参与者的看法与学生们是自由选择还是指定条件无关,写支持卡斯特罗政权的学生更容易被认为是卡斯特罗政权的支持者。

比起参考教师授意的这一外因因素,人们更着重认为学生就是卡斯特罗政权支持者的内因因素,<u>由此发生了基本归因谬误</u>。

为什么人会产生带有偏颇的臆测？

关键词 自我服务偏差，因果图示，折扣、扩大原则

人会根据曾经的经验或行动进行推测，因此会产生出有偏颇的臆测

人在推测他人的行为原因时，会因为基本归因谬误的影响而重点关注思考内因因素。如果人对自己进行推测时会怎么样呢？

凯利认为当人在成功时会倾向于将成功的理由归于内因，而在失败时会容易将失败的原因归为外部因素。比如，一个人在学做菜的时候，如果最后成功了，他会认为是自己的手艺好。如果失败就会认为是周围的环境太吵，自己无法集中精力等原因，将失败的原因归为自己以外的原因。而这种利己性的思考方式称为自我服务偏差，越是对自己放松对他人要求严格的人，自我服务偏差也越强。

此外凯利对人为何会做出偏颇的臆测也做出了解释：第一个原因是"因果图示"，在推测他人行为时，如果对他人的内因因素没有足够了解，就会套用自己的经验、知识加以推测；第二个原因是"折扣原则"，如果在他人的行为中感受到利益的纠葛，就会认为他人的行动是为了利益，而忽视内因因素的考量；第三个原因是"扩大原则"，如果在他人的行为中感到行为人受损失时，会认为促使行为的是内因因素，而折扣原则和扩大原则在同样的情况下，每个人也有可能做出不同的判断。虽然有时可能会得出正确的答案，但大多数情况下仍是基于少量的信息下得出的带有偏颇的答案。

第4章 个人和社会关系心理学

自利性偏差

东西好吃因为自己的手艺好。

● **做菜成功**
如果自己的行为最后成功，会认为成功的原因是内因因素，比如认为是因为自己的手艺好。

周围实在是太吵闹了，让我没办法集中精力。

● **做菜失败**
如果自己的行为以失败告终，那么会认为造成失败的原因是外因因素，比如认为是因为外面太吵了等原因。

> 人在自己成功的情况下，会倾向考虑成功的原因是内因因素，失败的情况下会倾向考虑失败的原因是外因因素，这种偏向自己的思考方式称为 **自利性偏差**。

为何人会做出有偏颇的臆想？

原因1
因果图示（因果关系的知识）来填补空白。
在人们缺乏当事人内因或是行为的信息时，会套用自己知道的信息或经验来进行思考。

> 在公园也能大喊大叫，这人真暴躁。

不考虑孩子们在公园里大吵大闹，或是公园的环境正处于嘈杂的客观情况，而是单纯的认为大喊大叫＝性格暴躁，做出了偏颇的推测。

原因2
折扣原则
在他人的行为中感受到利益产生时，则会开始忽视他人的内因因素。

> 他帮我工作是想让我请他吃饭吧。

对于他人帮助别人的动机首先解读成想获取报酬，而不考虑他人的内心想法。

原因3
扩大原则
在他人的行为中感受到他人正在蒙受损失时，则会开始着重考虑他人的内因因素。

> 这么忙还来帮我，他真是个好人。

在忙的时候，还去帮别人工作，做出不利己的行为会让人认为这人性格很好。

> 在推测他人的行为时，如果缺乏对行为人的性格、客观环境等信息的了解，人会套用自己的知识或经验进行推测，这时的知识或经验称为 **因果图示**（因果关系的知识）。
>
> 在对他人的行为进行思考时，会以他人是否获益为标准，改变思维方式：在感受到对方正在获益的情况下，思考方向会忽视内因因素，这种情况称为 **折扣原则**。反之如果感受到对方正在蒙受损失时，则会开始重视内因因素，这一情况被称为 **扩大原则**。

为什么人们会热衷于高中生棒球赛?

当人感受到自己属于某团体时,会更确定自己的存在价值

生活在现代社会的我们,会从生活中找出各种各样的共通点来增强伙伴意识。喜欢聊天、乐观向上等内因性的自我认知,称为"人格同一性",这些要素在自我形象的塑造中起到至关重要的作用。

人们在进行自我介绍时经常提到的"我是××高中的""我是××公司的营业员"等从某个集体,或是社会分工中选出的要素,这些要素属于"社会认同性"。在社会认同性中包括男女、性别、国籍等要素,如果他人对自己所属的团体有很高的评价,那么自己的自尊心也会得到满足。从社会认同性来看,对于自己所属的团体,人们都想获得很高的评价。因此,在高中棒球赛中,人们会支持自己出生地所在的球队,或是自己曾就读的高中的球队。

那么如果自己所属的团体,没能如愿得到自己期待的评价时会怎么样呢?这时人会采取试图离开自己原本所属的团体,转入其他团体,即"社会移动",和试图通过自己的努力,让自己的团体获得比其他团体更高评价的"社会变动"。如果这两种情况都无法实现,那么人会开始产生"肯定有更差的团队"的想法,开始和更差的团体相比较,发生对社会的"创造性"。

关键词 社会认同性

第4章 个人和社会关系心理学

所属团体的概念

国籍　性别　公司　出生地

在不同的情况下，人对社会认同性和自我统一性的认知强度也会不同。

社会认同性，是指从人所属集团（或社会团体）中感受到的自我身份认同，比如性别、国籍、公司、出生地等。

社会认同性，是指从人所属集团（或社会团体）中感受到的自我身份认同，**比如性别、国籍、公司、出生地等。**

对自己所属团体不满的情况下

● 加入其他的团体（社会移动）

认真学习，考入名校！

● 努力消除和其他团体的差距

认真努力下次一定能赢！

● 改变认知，和更下层的团体比较（社会"创造型"反应）

一定还有更差的公司！

当人开始对现在所处的团体感到不满时，**会出现想要加入其他团体、或是试图减少团体之间的差距**，改变自己的认知等行为。

为什么会产生刻板印象和偏见？

关键词　刻板印象

刻板印象是无意识产生的

刻板印象是指对某一类人或事物产生的比较固定概括而笼统的看法，比如"A型血的人认真""冲绳人热情"等，都是生活中常见的刻板印象。

当人处在自己所属团体中的内部观察时，对不属于自己团体的外部人员很容易套用刻板印象。虽然具有刻板印象特征的外人可能只有一人，但是刻板印象却认为整个外部团体的所有人都具有这一特征。

而刻板印象经常都产生于无意识，且如果一开始就对某事物抱有不好的印象时，会更容易产生偏见和歧视。

那么具体有什么方法可以避免刻板印象呢？

第一点是多了解对方的社会角色，有时单从一个角度观察到的人会有许多不明晰的地方，此时应该变换角度来了解这个人，让人的形象更为立体。了解对方不同的角色属性是一个非常有效的方法。此外，实际和对方交流也是非常重要的一点，很多人只有在实际接触后，才发现他和我们想象中的形象并不一致。由此会产生"他和我想的不一样""原来他是这样的人"的想法。只有脱离刻板印象的偏见，人和人之间才能构建出更好的关系。

客观上来说，刻板印象是很难完全消除的。但如果能清楚地认识到我们在思考时会有下意识将人概括化的特性并加以注意，我们所看到的世界会有很大的变化。

生活中常见的刻板印象

著名大学毕业

好的刻板印象
· 聪明 · 有逻辑 · 知识丰富

坏的刻板印象
· 不会变通 · 爱讲道理 · 冷漠

从不同的角度观察。

艺人

好的刻板印象
· 有才能 · 社交能力强 · 开朗

坏的刻板印象
· 态度轻浮 · 大起大落 · 生活状态散漫

对于和自己不同的群体，产生过度单纯化的概括的行为称为**刻板印象**，刻板印象分为**好的刻板印象和坏的刻板印象**。

为了避免刻板印象

● 多了解对方的角色属性

他是医生啊，感觉很沉闷。

他喜欢冲浪啊，好有趣！

● 实际和对方交流

感觉很难搭话。

实际交流了才发现他好温柔。

我们能通过多**了解对方的社会角色，和实际接触对方的方式来避免刻板印象**，这样我们才能看到对方的更多不同之处。

追随流行的人和反抗流行的人

独自性和同时性之争

我们的生活中总是不断地有新鲜的流行产生,包括食物、时尚、音乐等。那么流行本身又是什么概念,应该如何定义呢?

流行一般一开始只在一小部分人的圈子内开始传播,并且在固定的年龄段和固定地区的人群中传播,圈子外的人对流行中的事物并没有兴趣。流行的另一个特征是时效性,流行维持的时间只有几个月到一年,过了时效的流行就会消失,这也是流行被称为"潮流"的原因。此外的特征是,流行是人为创造出的,特别是现代社会中的媒体和网络会不断地产生新的流行事物。

那么,追随流行的人和反抗流行的人会有怎样的差别呢?

其实追随流行的人和反抗流行的人都有一个相同点,那就是追求个性。

无论是追随流行,还是反抗流行都是从"想和周围的人不同"的想法出发,不过选择的行动是一个想更快地追赶流行,而另一个则是表现出对流行完全无感。此外,当流行已经发展到一定程度的时候才去追逐流行的人,有很重视社会性的特征,这类人群想要和周围的人打扮成相同的样子,才开始追随流行。

而个性和社会性不断碰撞,决定了人面对流行会做出怎么样的反应,有人可以在流行一开始的时候就接纳,而有人却在流行即将结束的时候去追随流行。

关键词 个性和社会性

第4章 个人和社会关系心理学

流行是什么？

1.限定人物对象

想买，感觉好有意思。

完全没兴趣。

年轻女性

年长的男性

2.只在一定的期间内

3.人为创造的

现在○○的热度很高，今年××很流行。

● 对流行敏感的人・抵触流行的人

想和别人穿得不一样！

对个性的追求很强

● 流行的传播方式

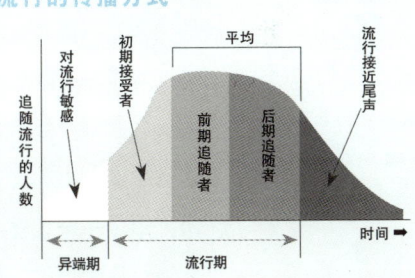

对流行敏感 / 初期接受者 / 平均 / 流行接近尾声

追随流行的人数

前期追随者 / 后期追随者

异端期 / 流行期

时间 ➡

● 追随流行的普通人

想和大家穿得一样。

对社会性的要求很强

流行是指在**一定的人群和时间内，吸引人们做出相同行为的心理诱惑**，过程中包含了想要和别人做不同行为的**个性**，和想要与别人做相同行为的**社会性**。

平衡性是维持良好关系不可或缺的因素

我,和你,和喜欢事物的关系

平衡理论由美国心理学家海德提出。举例来说,你有一位很喜欢的异性,你很喜欢狗,但是对方很不喜欢狗。此时你会因为"你们无法喜欢共同的事物"这一问题而感到压力,这种状态可以通过平衡理论进行具体的分析和解释。

人(P)对对方(O)的态度,受到人(P)对某事物(X)所持的态度(PX),和对方对某事物(OX)的态度所影响。而对不同的关系以符号"+"表示喜欢的态度,以符号"-"表示讨厌的态度,这样最多可出现8种不同的模式。三个因素相乘,如果结果为正,则说明这是具有平衡性的良好关系,如果结果为负则说明这是没有平衡性的关系状态。

以前面的事例为例:自己喜欢狗这一要素为正,对方讨厌狗这一要素为负,自己喜欢对方这一要素为正。进行相乘后,得出了负的结果,这一结果也意味着这是一段没有平衡性的关系,当事人会因为这段关系感到压力。

面对没有保持平衡的关系,我们应该如何应对呢?关于这点一共有三个方法可以应对:第一个方法是改变自己对某事物的态度,第二个方法是让对方改变对某事物的态度,第三个方法是结束和对方的关系。

通过这个理论,我们可以有效地审视自己和他人的关系是否良好。

关键词丨平衡理论

平衡理论

喜欢 → 狗 ← 喜欢

我(男性) —喜欢→ 她

这个情况下的平衡状态 ➡

```
        X
       ↗ ↖
      +   +
     P ——→ O
    我(男性) + 她
```

P=我 O=对方 X=某事物

(+) × (+) × (+) = + 保持平衡的状态

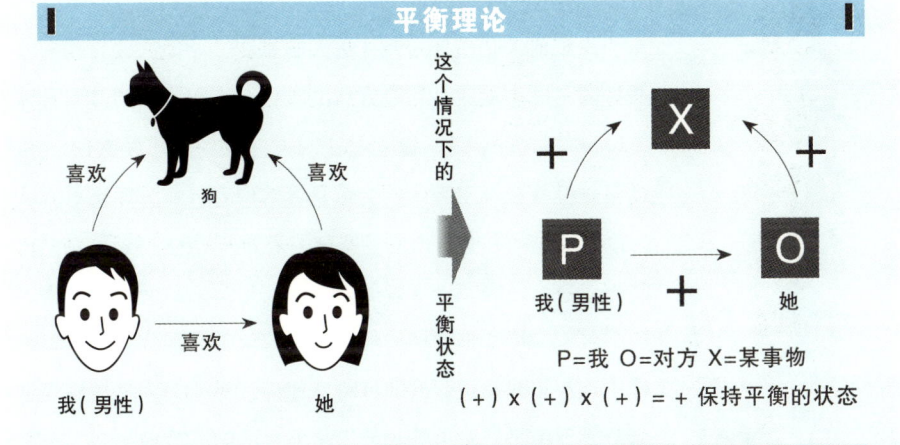

> 平衡理论是指，自己、对方对对象物的态度是否可以保持平衡的状态。上图所示，自己喜欢狗、女朋友也喜欢狗、自己也喜欢女朋友。所有关系都是正向的。通过加法计算，可以得出正数的话表示关系是均衡的，如果是负数则为不均衡的。

消除不平衡状态的办法

1.改变对某事物的态度

虽然我不喜欢狗，但是我还是努力让自己喜欢上。

2.让对方改变对某事物的态度

你也尝试一下喜欢狗。

3.解除关系

我们分手吧。

> 自己和对方、对某事物的关系如果产生了不平衡的情况，人会为此感到压力。解决的办法共有三个：改变自己的态度，改变对方的态度，解除和对方的关系，只有这样才可以从压力感中走出来。

人是如何被说服的？

说服对方的技巧

说服他人是指努力转变他人的态度，让他人放弃和自己所持的不同观点或是思考方式的过程，说服别人的过程具体可以分为4个步骤：首先是让对方注意到自己发出的"信息"，其次是让对方理解"信息"的内容，此时如果对方认为信息的内容是有价值的，就会引来下一步的"接受"环节。此时，对方已经接纳了说服人的"信息"，最后说服的内容会被对方"记忆"，说服的全过程结束。而在优秀的说服过程中，重要的是说服人的可信度如何，如果是大学教授等专家，或者关系好、可信赖的人，那么可信度会增加，人会更容易接受信息。

此外，如果试图说服的对象不具有相应的专业知识，那么可以仅以好的"单面信息"去说服对方。相反，如果对方已经有了一定程度的知识储备，则要以结合了好坏两方面的"两面信息"去说服对方。这是因为如果刻意告诉对方坏的部分，反而会让对方认为这是主观的信息。试图说服他人的时候的态度也非常重要，要明确意图，告诉对方这样做会有什么样的好处和优势。

此外，在说服的过程中还有一个重要的要素——心理抵抗。这是在说服他人的时候，如果让对方感受自己的自由面临很大的威胁，对方会故意采取相反的行动作为抵抗，试图夺回自由的心理活动。

关键词 信息，心理抵抗

第4章　个人和社会关系心理学

被说服的过程

1. 注意

电视购物 — 发生什么了？

2. 理解

对身体好又便宜。

3. 接受

买！

4. 记忆

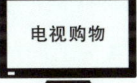

电视购物 — 又有什么好商品了？

被说服共经历 4 个过程。首先是**引起注意，理解信息的内容**，之后是**接受内容后开始行动，记忆说服**的过程。

说服他人的技巧

● 可信度

医生说的话应该没有错。

● 知识量的储备

你要是不告诉我风险性的话，我没办法相信啊。

● 心理抵抗

少喝点酒。

你管我啊。

说服他人的技巧分别有**让对方感受到可信性，配合对方的知识量说明**等，此外当对方认为自己的自由受到威胁时，会发生故意采取相反行动，以求试图**夺回自由的心理抵抗**。

感受到紧迫感后会更多地注意到对方的魅力

关键词 吊桥效应、两因素情绪理论

在社会心理学的实验中最知名的一项实验是吊桥实验

同一条河上面架有两座桥,分别是安稳的木桥和摇晃的吊桥。男性和女性记者分别在两座桥上对 18 ~ 35 岁的男性进行采访。他们对人们提出了几个问题后说,如果对之后的研究有兴趣的话请打电话给我。之后观察有多少人拿了写有电话号码的纸条,和之后会有多少人打去电话。

而实验的结果非常耐人寻味:两座桥上拿了写有电话号码纸条的人数虽然相差不多,但是吊桥上接受采访的人之后打去电话的人数却是压倒性的多数,且这一现象仅出现在记者是女性的情况,而男性记者进行采访的情况下,打去电话的人数并未呈现出明显的差别,这一结果说明了当人处在吊桥上等危险地区的时候,会对在那时遇见的异性抱有好感。

而这一现象可以通过两因素情绪理论解释:当人因为特定的因素产生了心跳加快等生理现象时,人会下意识寻找解释这一现象的理由。也就是说,在吊桥上的人会因为摇晃的吊桥而感受到恐惧和紧张而心跳加速,但大脑在潜意识中对心跳加速的解释却是因为自己喜欢面前的异性而紧张,令人产生了对面前的异性抱有好感的错觉。

当人处于不安的情绪时,想和别人在一起的"亲密需求"也会增加。

因此和异性做一些有刺激性的活动,比如一起去鬼屋,或者一起去游乐园坐云霄飞车,都是增进两人关系的好办法。

吊桥实验

在摇晃的吊桥上和在安稳的木桥上分别对人进行采访。虽然回答问题的人数和最后拿了电话号码纸条的人数并没有太大的差距，但是之后打去电话表示对实验有兴趣的人却有三倍的差距。

吊桥效果是如何发生的

●生理反应

因为桥的摇晃感到心跳加速

和女性相遇，心跳加速

●认知因素

在摇晃的桥上和女性相遇，心跳加速

因为喜欢她心跳加速？

因为桥的关系心跳加速？

感知错误

人因为特定的因素产生了心跳加速等生理现象时，会下意识地寻找解释这一现象的理由，而解释情绪波动的原因则下意识地联想到了恋爱时的紧张感，由此使人产生错觉，这一过程被称为两因素情绪理论。

专栏

虚假普遍性

很多人在解释自己对某事物的认知时,总会固执地认为"我自己的解释是正确的,且对方一定能理解我"。这一现象被称为"虚假普遍性",具体由下面的三个信念所构成:

1. 认为自己可以从客观的角度,观察事物所有的客观事实。认为自己的态度和信念来自对信息公正、冷静、客观的判断。

2. 认为如果对方和自己共享相同的信息,那么经过深思熟虑和客观考虑的话,对方和自己应该得出相同的反应、行动、意见。

3. 当对方和自己产生了意见上的分歧时(1)认为对方和自己接收了不同的信息;(2)对方是怠慢,不理性的,无法或者不能从客观的信息、证据中思考出合乎情理的结果。

在对某项问题进行议论时,经常有赞同派和反对派互不相让,最后没有达成一致的情况出现。如果考虑到双方都持有"虚假普遍性"这一条件时,那么也可以理解为什么双方无法达成一致了。

为了进行有意义的议论,理解"自己是正确的,对方也认为自己是正确的"这点是非常重要的。

第 5 章

为人处世的心理学

囚徒困境是什么？

我们是如何一步步陷入困境中的？

在现代的社会生活中，我们不可避免地要去面对很多两难的选择，其中最有代表性的就是囚徒困境。

囚徒困境，是指被怀疑是罪犯的 2 名男子，被警察抓住之后分别关在不同的屋子里接受审讯，面对保持沉默的 2 名男子，警察开出了条件：两个人如果继续沉默不语的话，双方判 3 年有期徒刑。而如果两个人中的一个人坦白的话，坦白的人不予起诉，另一方无期徒刑。如果 2 个人都坦白的话，两个人都判 10 年有期徒刑。而面临选择的囚犯会因为不知道对方会做出什么选择而烦恼，感到非常不安。

经过具体分析得出的最佳选择是，犯人应该选择坦白：对于对方沉默的情况下，自己同样选择沉默的结果是判 3 年的有期徒刑，而坦白的话自己的结果是不起诉。如果对方坦白的话，自己选择沉默的结果是无期徒刑，而坦白的结果是 10 年的有期徒刑。

囚徒困境的双方因为不知道对方会采取什么行动，会感到焦虑和不信任感。而囚徒困境中其他需要注意的是，自己选择沉默的话有着帮助对方的含义。在多次进行的囚徒实验中，我们发现——虽然在结果上可能对自己不利，但是人仍旧会去选择帮助他人。这点也在侧面说明了，人会倾向于帮助长期来往的朋友。

关键词 囚徒困境

第5章 为人处世的心理学

囚徒困境实验

● 对被逮捕的2人提出条件

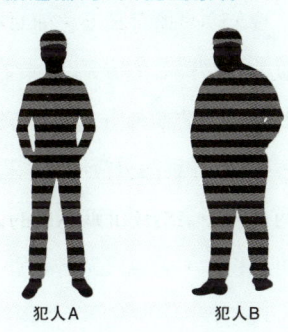

犯人A　　犯人B

分别进行审问，犯人无法对话。

提出的条件

2人同时保持沉默的话，同时判3年有期徒刑。
・只有一方坦白的话，坦白的一方不予起诉，对方无期徒刑
・2人都坦白的话，都判10年有期徒刑

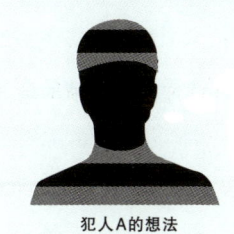

我和他都保持沉默的话，2人也只用坐3年牢就可以了。但是要是他什么都不说的话，我只要坦白了就可以不坐牢了。2人都坦白的话是判10年，还是保持沉默比较好。不行，要是他坦白了那我就是无期徒刑了。

犯人A的想法

囚徒困境的分析：

对方保持沉默的结果是 **3年有期徒刑**，或者不予起诉。
对方坦白的结果是无期徒刑或者**十年有期徒刑**。
无论对方如何选择，坦白对自己的情况更为有利。

● 囚徒困境的排列

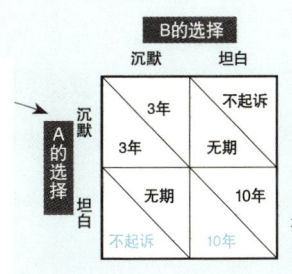

	B的选择	
	沉默	坦白
A的选择 沉默	3年 / 3年	不起诉 / 无期
A的选择 坦白	无期 / 不起诉	10年 / 10年

左下是对A的结果
右上是对B的结果。

囚徒困境描绘出了我们现代生活的社会关系中时常会出现的相互依赖关系。当面对困境时，**人们的选择也不是只看短期的利益，也会产生合作行为。**

囚徒困境的电脑锦标赛

用计算机计算出明确战略

在囚徒困境（110页）的实验中我们发现，在重复多次囚徒实验后，犯人之间会发生"帮助"的关系，对这一现象国际政治学家罗伯特·阿克塞尔罗德使用由14名相关专家编写的专用计算机软件，进行了详细的分析测试，以一半配合对方，一半不配合对方的概率进行了200次实验。且程序内还包含有假设看透对方意图后，自己决定进行下一步战略的复杂运算，结果在诸多的结果中得出的最好的解法是以牙还牙。

以牙还牙是指第一次与对方合作，从第二次开始，每一次都用对方前一次对待自己的方式来对待对方。这一结果震惊世界。在第二次的实验中使用了全球的各路专家提供的共计63个运算程序进行混合运算，实验的结果依然说明得分最高的办法是以牙还牙。

阿克塞尔罗德指出，以牙还牙战略有4个特征：第一个特征是不主动背叛对方的"高尚"；第二个特征是对于对方的背叛，做出及时应对；第三个特征是对于对方的帮助，做出及时应对；第四个特征是让对方明确理解自己的意图。这种应对方式完全可以说得上是"以牙还牙，以眼还眼"。

关键词　以牙还牙

第5章 为人处世的心理学

用计算机模拟出囚徒困境

● 使用计算机计算囚徒困境

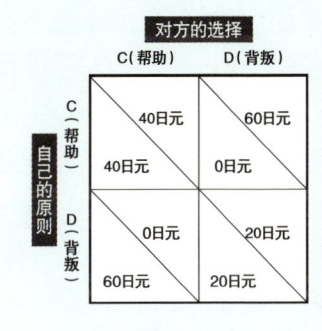

	对方的选择	
	C（帮助）	D（背叛）
C（帮助）	40日元 / 40日元	60日元 / 0日元
D（背叛）	0日元 / 60日元	20日元 / 20日元

（自己的原则）

自己决定是帮助对方还是背叛对方，对方对此的不同反应，会如何影响利益的变化图（左下为自己的利益额，右上是对方的利益额）。不断重复进行试验。

我们募集进行反复实验可用的程序。

阿克塞尔罗德

从世界各地征集运算程序进行混合运算。

电脑实验结果

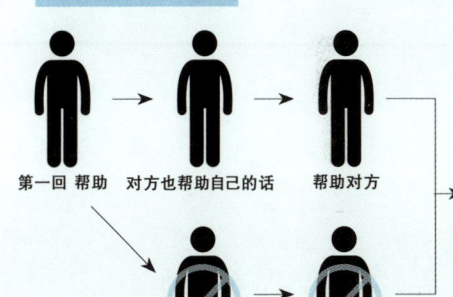

第一回 帮助 → 对方也帮助自己的话 → 帮助对方

→ 对方背叛自己的话 → 背叛对方

在不断重复的实验中，得出最好的方法是**以牙还牙**。

一次使用计算机对囚徒困境进行模拟实验是1980年，此后的心理实验研究中，心理学家越来越多地用计算机进行实验。

阿克塞尔罗德从全世界征集运算程序对囚徒实验进行混合运算。结果发现最强的战略是"第一次与对方合作，从第二次开始每一次都用对方前一次对待自己的方式来对待他的**以牙还牙**战略"。

帮助他人也是帮助自己?

人际关系的基本是"给予"和"接受"

日本有句话俗话说："出门在外，不怕丢丑。"这是因为旅游去过的地方有可能不会去第二次，遇到的人之后也不一定会再见面，因此不用在意是否丢人。但如果是需要长期打交道的人，那么就需要考虑他人的感受，不要擅自做出让别人不愉快的事。

而在和他人打交道的时候如果有趁人之危的企图，就会有被人识破的可能，导致无法继续合作，在需要长期合作的关系中利己主义往往是行不通的。

人与人相处的过程中，最需要认真考虑的因素是"互惠"，也就是给予和接受的过程。如果对方帮助了自己，自然自己也要给予对方回报，将互惠的概念作为和人相处的规范，筑成长久的良好关系。

此外拉近人与人之间距离的方法，最常见的一种是"敞开自己的心扉"，如果一个人告诉了对方关于自己的事情，那么对方也会开始说起身边发生的事，如此一来就缩短了两个人之间的距离，这样的方式可以提升对彼此的信任，增强友谊。谈话的内容也要从一开始只说无关痛痒的话，到慢慢地说出自己的真心话，这样可以让友谊增进得更快。

有一句俗语是"好心总有好报"。人们对别人的善意总会回报在自己身上，这也是人际关系互惠的一种表现。

关键词 互惠利他主义

第5章 为人处世的心理学

相互帮助和不相互帮助

● 相互帮助：

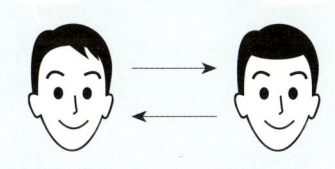

我来帮你。 好呀!

● 不相互帮助：

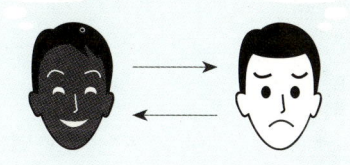

把你当傻子。 无法信任。

根据研究结果，如果一个人是发自善意与人相处，通常最后会得到好的结果，构建出良好的关系。反之，如果想趁人之危欺骗对方，就会造成彼此之间无法信任，形成恶性循环。

互惠利他主义的例子

● 给予和接受

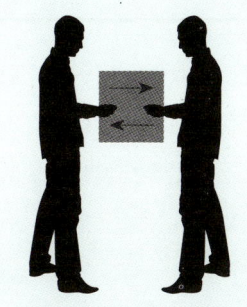

帮助他人会被他人回报。

● 敞开自己的心扉

我是这样的人。

我也来介绍自己吧。

通过让别人了解自己的方式获得信任。

● 好心总有好报

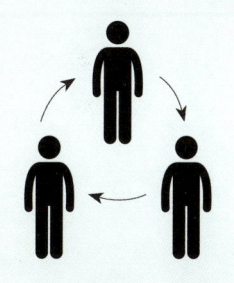

对他人的好意，会通过社会循环回报给自己他人的善意。

互惠是"给予"和"接受"的过程，在日常生活中请求对方答应自己的时候，也要答应对方的条件作为回报。此外在日常生活中，让对方了解自己的过程也能让自己了解对方，以此拉近距离，互相信任。

追求自我利益会损害社会利益

关键词：社会陷阱、公地悲剧

追求全体利益需要确立利他性利己主义

对于需要长期打交道的两个人而言，相互给予和接受是非常重要的。但是在和更多人相处的过程中，需要注意什么呢？哲学家加勒特·哈丁曾举出"公地悲剧"的例子对这个问题进行了解说。

在工业革命前后的英国农村，有一种叫做"Commons"的共有地，牧民们在共有的草地上放牧以收获羊毛，对于一个牧民而言，如果他想获得更多的收益就意味着他需要放牧更多的羊。后来所有的牧羊人都跟进，放牧了更多的羊，所以牧草也很快枯竭，共有地开始荒废。之后大家也都没有办法继续放牧，悲剧发生了。

这一状况是个人利益和三人以上的集团利益呈现出对立状态的形态，也被称为"社会陷阱"。面对这一问题，应该如何解决呢？

首先是在共有地设置管理人岗位，对遵守规则的人给与奖励，违反规则的人给与惩罚，奖罚分明。其次是教育人们对共有地负起责任，让人们对共有地产生道德观和价值观。然而这些制度一定会产生必要的费用，和怀疑其他人是否能遵守规则的不信任感。

通过各种方法需要达成的目的，是确立"保护社会利益，才是保护自身利益"的意识，让大家理解和遵守利他性利己主义是非常重要的。

第5章 为人处世的心理学

公地悲剧

每个人都养更多的羊，会让共有地的牧草消耗得更快，最后共有地完全荒废，一头羊都无法饲养。

社会陷阱的解决方法

● 赏罚分明

给予破坏制度的人惩罚，给予遵守制度的人奖励。

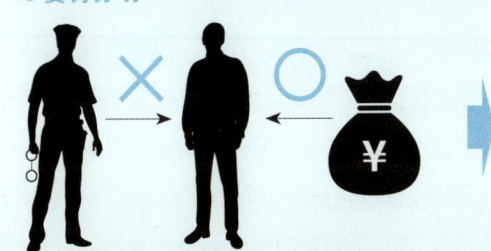

制定赏罚分明的制度会产生维持制度执行的成本费用，导致之后问题的发生。

● 培养众人的道德观、价值观

教育社会的构造和社会的规则

为了解决社会陷阱问题，确立"利他性利己主义"的思想，也就是确立"保护社会利益，才是保护自身利益"的想法是非常重要的。

在援助他人的行动中能获得什么？

关键词 社会交换理论

看不见的心理财富和社会财富

日常生活中我们买东西需要付钱，工作能够得到相应的报酬，资源的交换无时不刻都在发生，这就是社会性交换。

社会性交换，包含限定交换和一般交换两种模式。限定交换是指自己和对方以一对一的形式进行交换，而一般交换的特点是提供资源的人和接受资源的人并非是一对一的。有些人会在只去一次的店里也付很多的小费，是因为他相信从长远的角度来看，这份付出会通过社会流转回报在自己的身上。

人们在进行社会交换的资源，并非只是可见的商品和金钱，还有不可见的感受，比如爱情等心灵财富和地位、名誉等社会财富。在不同的场景中能够给人带去满足感的资源，也是可以进行交换的财富。且看不见的财富会依据对于每个人的重要程度不同，产生出不同的价值。对每个人产生不同价值的"个别性"会让不可见的财富显得更加贵重。

换句话说，援助他人的行为是基于"现在做的好事，可能会在之后的其他地方回报给自己"的想法而来，此外还有想要得到心灵财富或社会财富的因素。在社会中我们经常可以看到，当自己受人恩惠时回报他人的行为在结果上是可以收获更多利益的，而这一现象也是人类社会互惠性的延伸。

第5章 为人处世的心理学

社会性交换是指

●限定交换

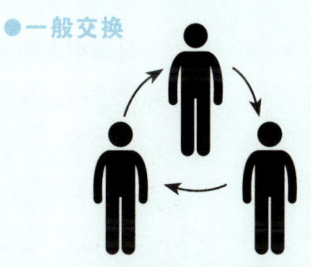

一对一交换

●一般交换

提供资源的人和获得资源的人并非是一对一的。

社会交换包含限定交换和一般交换两种。限定交换只是自己和对方进行直接的资源交换，而一般交换的特点是提供资源的人和接受资源的人并非是一对一的。

●社会性交换的特性

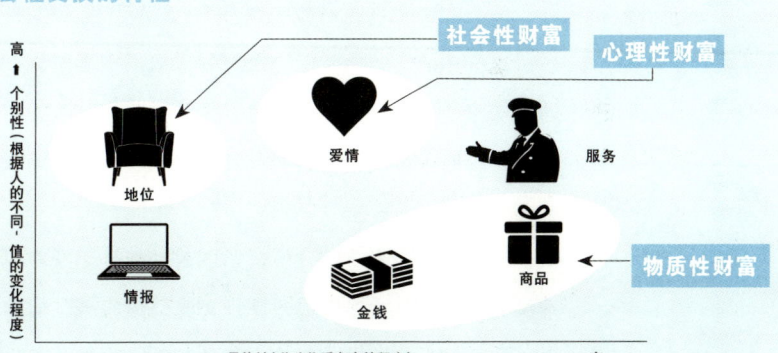

纵轴：高 ↑ 个别性（根据人的不同，值的变化程度）

横轴：具体性（作为物质存在的程度）→ 高

- 地位
- 情报
- 爱情（社会性财富）
- 服务（心理性财富）
- 金钱
- 商品（物质性财富）

（摘自U.G.Foa&E.B.foa. 1976年）

在社会中交换的物质包含了商品、金钱等可以看见的有形资源，和资讯、服务等看不到的无形资源，此外像是爱情等心理财富，名誉、地位等社会财富也都属于无形资源。

图中的爱情和服务等坐标相近位置的财产，更容易进行交换。

公平分配报酬的方法是什么？

团队中的个体不一定满足于均等分配

在公司工作的团队在经过大家共同的努力后得到一定的成果时，如何分配报酬才能将不公平感降到最低呢？对于这一问题，亚当·斯密提出的经济学理论认为，相较个人付出的成本，过多或过少的报酬都会让人感到不公平。那么对于报酬的分配，有着怎样的原理呢？

首先是按照对业绩的贡献度进行分配的平衡原理，按照对业绩贡献程度的不同，给予不同的报酬。其次是对全员进行平均分配的平等原理，不参考对成果的贡献程度，均给予相同的报酬。最后是按照每人对报酬的需要程度进行分配的必要原理，和将全部的报酬给予做出最多贡献的人的独占原理。

每个原理都有其适应的场合，比如在以生产经济为重心，成员之间形成了竞争关系的情况下，适用于平衡原理。如果着重于维持公平健康的社会关系，重视公司氛围，则适用平等原理。对于以建设社会福利和和谐家庭为主的团体则适用必要原理。

在成员经常发生变动，人员频繁变换的团队中，做出高业绩、高贡献的人希望以平衡原理来分配报酬，但在人员几乎不发生变动的团队中，拥有好业绩的人也有不少人希望以平等原理分配报酬，这是因为在保证了相对公平的前提下，也容易圆滑地处理人际关系。

关键词　分配原理

分配原理的种类

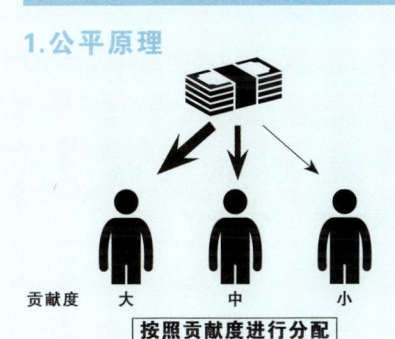

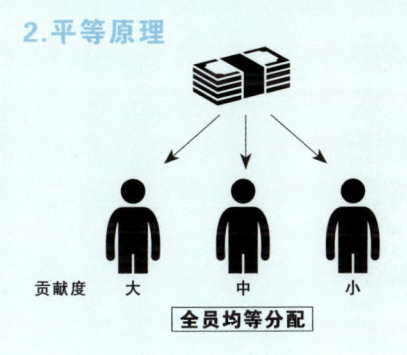

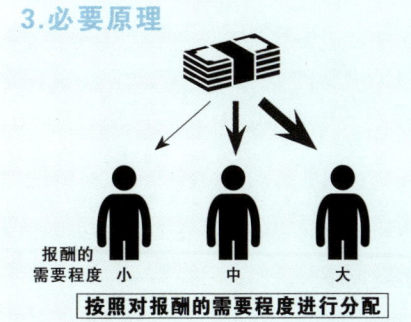

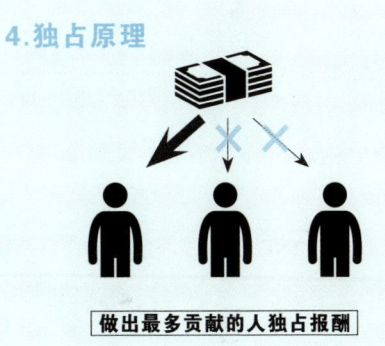

1. 公平原理

贡献度　大　中　小

按照贡献度进行分配

2. 平等原理

贡献度　大　中　小

全员均等分配

3. 必要原理

报酬的需要程度　小　中　大

按照对报酬的需要程度进行分配

4. 独占原理

做出最多贡献的人独占报酬

分配原理的不同使用场景

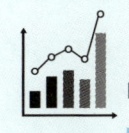

以经济增长为目标的团体 → 公平原理

重视合作关系的团体 → 平等原理

以社会福利和家庭为中心的团体 → 必要原理

报酬的分配有几种不同的种类，每个都有利弊，应该按照情况的不同区分使用，**按照贡献度分配报酬不一定是公平的，在人事变动频繁的集体中。适用于平衡原理，而对于人际关系不变动的集体更适合的是平等原理。**

种族灭绝是如何产生的？

对外群体的负性认知会产生歧视和偏见

种族灭绝是指对其他民族和其他宗教信徒进行彻底性的压迫和排斥，最后演变成集体屠杀的行为。

有时在我们的生活中发生的那些不留意就注意不到的小事，往往是历史进程中酿成种族灭绝惨案的导火索。纳粹对犹太人的屠杀就是其中的一个例子，为什么会发生这样的事情？

这是因为，人会迫害和歧视外群体的人。而出现歧视的原因是在接触和自己同属于一个集体中的内群体的人与接触外群体的人之间，会因为距离、时间等因素产生认知上的偏差。

清楚地分辨出自己认识、熟悉的人的样貌和性格特征，是非常简单的，我们可以很容易地分清楚每个人之间的不同之处，但是对于陌生的外群体的人而言，很多人对个体的认知是模糊的，唯一的认识往往是"某人是某集团的一份子"而已。

而认知偏差的发生会让人认为自己所处的集体是更为优秀的，当社会发生了类似资源枯竭等紧急问题时，人会认为外群体的人是坏人或是无用的人，从而发展成屠杀的悲剧。

我们使用不同的语言，也是我们自然分为不同集团的证据。不同的语言使我们分成不同的群体，虽然人类的祖先被认为是共同的，但是因为社会朝着更加复杂的方向演进，也有了区分群体的必要性。

关键词 内群体、外群体

内群体和外群体的认知差异

1. 对内群体成员的认知

A先生、B先生和C先生。

A
B
C

2. 对外群体成员的认知

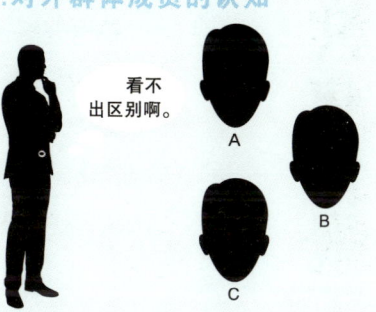

看不出区别啊。

A
B
C

内群体和外群体之间的关系可以追溯到狩猎社会时期。我们可以分清和自己密切接触的内群体成员的每个人的不同特点,而对于没有接触过的外群体人员,我们无法捕捉到每个人不同的特征,只能将他们归类于属于某一个群体的成员而已。当群体间发生矛盾时,认知差异是导致种族灭绝的导火索。

导致种族灭绝的原因

人们之间的差别

宗教　人种　民族　国家

对外部集团的偏见激增

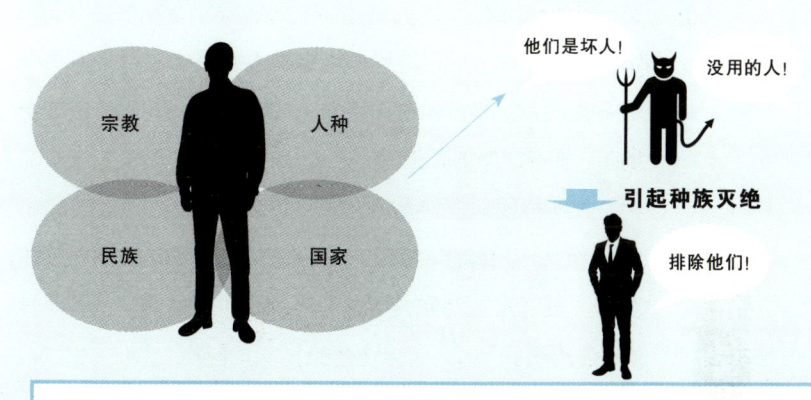

他们是坏人!　没用的人!

引起种族灭绝

排除他们!

种族灭绝是单纯地以"属于某个群体"为理由而进行的屠杀,但是其背后的原因是对不同种族、宗教的偏见和歧视。

文化背景不同带来的差异是什么？

关键词：文化与行为

不同文化背景的人之间的观念不同

欧美人和东亚人之间，在文化上有着明显的差异，其中尤为显著的是个人观念的不同。

欧美文化中，主流的观念是个人之间相互独立，主要的思考方式是以"我是独立于他人的个体"为基础。比如当取得某项成果时，多数欧美人会认为是自己的能力让自己获得回报，而不是因为周围人的影响。此外，欧美人自我介绍时也会多用"我是乐观的""我擅长学习"等着重介绍自我属性的方式进行自我介绍。

而在东亚文化圈中，主流的观念是人是相互依靠的，会认为自我价值是依靠周围的人和事物才得以实现。在取得某项成果时，亚洲人会认为是因为身边人的帮助和鼓励才能取得成就。在自我介绍是也多用"我是××大学的""在朋友中我比较活泼"这样表现和周围之间产生联系的方式进行自我介绍。

而产生这一区别的原因可以追溯到重视个人思想和决定的畜牧文化和重视合作意识的农耕文化，以及基督教和儒教、佛教之间的思想差异。

其他特征，是分析性思考方式和概括性思考方式的差别所产生的，欧美人更重视事物的特征，擅长进行分析性思考，而东亚人更重视事物和周围之间的关系，习惯进行概括性思考。

相互独立的个人观念和相互依存的个人观念

相互独立的观念

社会 ↖ ↗ 家人
教育 ↙ ↘ 朋友

欧美人常见的，将自我和周围的事物进行区隔的独立思考方式。

相互依存的观念

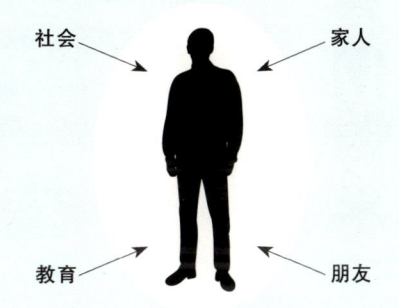

社会 ↘ ↙ 家人
教育 ↗ ↖ 朋友

东亚人常见的，认为人是和周围产生了联系才有存在价值的思考方式。

分析性思考和概括性思考的实验

实验概要 让欧洲人和亚洲人在"熊猫""猴子""香蕉"这三个选项中选出哪两个是一组的

结果
- 欧洲人回答：熊猫和猴子是一类的 → **分析性思考**
- 亚洲人回答：猴子和香蕉是一类的 → **概括性思考**

实验中的欧洲人和亚洲人对事物的着眼点不同，欧洲人以动物进行分类，是分析性思考方式。而亚洲人认为猴子吃香蕉，以关联性分类，是概括性思考方式。

贯彻追求"名誉"的文化

名誉文化的本质与背景

顾名思义，名誉文化是指重视自己家族和个人名声的文化，这点在美国南部的白人男性中尤为可见，这是因为不同的移民背景所导致的。

美国北部的移民，多数是英国和荷兰的农民。而美国南部的移民，多数是英国周边地区的牧民。农民之间形成的社区是为了更好地统一管理，防止农作物被大量偷走。

牧民饲养的家畜自己会乱跑，导致容易被人顺手牵羊。且因为放牧需要大量的土地，在人烟稀少的地区不容易抓到犯人。

在这样的情况下，如果周围的人传出这家人"只会认栽"的话，就更容易被小偷盯上。而如果周围人都传这家人"强硬""有男子气概"，那么就能减少被小偷盯上的风险。也就是说，**重视名誉的文化本身是从畜牧民的生活文化中演变而来**。

对于这一说法也有具体的调查可以印证：美国南部地区和其他地区发生的抢劫杀人案的数量没有太大的差别。但由于名誉损伤所引起的争论，之后演变为杀人事件的概率则是南部更多，尤其在人口不足 20 万的小城中更为显著。从这点也可以一窥名誉文化是多么深植于以牧民为多数的美国南部人民的心中。

关键词　名誉文化